Mit Yoga Nidra
das Leben meistern

Anna E. Röcker

Mit Yoga Nidra das Leben meistern

Das Energiepotenzial des Unbewussten erkennen und die Kreativität der Alpha-Ebene nutzen

via nova

INHALTSVERZEICHNIS

Einleitung

Wenn Sie mich fragen, warum ich dieses Buch geschrieben habe, würde ich Ihnen von meiner Begeisterung erzählen, die ich erlebte, als ich *Yoga Nidra* entdeckte.

Damals hatte ich bereits eine jahrzehntelange Beschäftigung mit den Kräften des Unbewussten hinter mir. Begonnen hatte alles mit einer Yoga-Lehrerinnen-Ausbildung vor nunmehr fast 30 Jahren. Dadurch war mein Interesse an der Einheit von Körper, Geist und Seele geweckt und das führte zu einer Heilpraktikerinnen-Ausbildung. Darauf folgten prägende Begegnungen mit Weisheitslehrerinnen und -lehrern, unter anderem mit Selvarjan Yesudian und Graf Dürckheim. Vor etwa 20 Jahren begegnete ich José Silva, einem modernen amerikanischen Schamanen. Sein Verdienst ist es, dass die ungeheuere Bedeutung des Unbewussten und seines kreativen Potenzials auf breiter Ebene bekannt wurde. Mit seiner Silva-Mind-Methode hatte er eine Art Selbsthypnose entwickelt, die schnell und sicher auf tiefere Bewusstseinsebenen führt. Jahrelang beschäftigte ich mich mit der Praxis des Geistigen Heilens, die sich ebenfalls dieser tiefen Bewusstseinsebene bedient. Aufenthalte bei philippinischen und englischen Heilern bestärkten mich in dieser Arbeit mit den Kräften des Unbewussten. Eine Ausbildung in Imaginativer Musiktherapie nach Dr. Helen Bonny (G.I.M.) ergänzte diese Erkenntnisse um ein Wesentliches: Klassische Musik führt in ganz einmaliger Weise in alle Bereiche des Unbewussten und bringt dort schnell und sicher die Dinge zum Vorschein, die in unserem Leben gerade Bedeutung haben. Dabei kann es sich um Probleme und traumatische Erfahrungen handeln oder um hilfreiche Schritte auf dem eigenen Entwicklungsweg. So war es ein logischer Schritt zum »Vater« der Erforschung des Unbewussten, zu Carl Gustav Jung. Seine umfang-

Alles ist im Keim enthalten,
alles Wachstum ein Entfalten,
leises Auseinanderrücken, das
sich einzeln könne schmücken,
was zusammen war geschoben
wie am Stängel stets nach oben,
Blüt' um Blüte rücket weiter,
sieh es an und lern' es heiter
zu entwickeln, zu entfalten,
was im Herzen ist enthalten.

F. Rückert

reichen Arbeiten über das bis dahin weitgehend im Dunkeln liegende Geheimnis um das Unbewusste wurden zur Basis vieler ganzheitlicher Therapien. Jung hatte sich intensiv mit östlichen Weisheitslehren beschäftigt und dieses alte Wissen in seine Arbeiten integriert. Mit diesem Hintergrundwissen ausgestattet, schien mir der Schritt zu *Yoga Nidra* vollkommen natürlich, weil darin östliches und westliches Wissen gut zu vereinen ist. Diese Praxis setzt übrigens keine sonstigen Yoga-Kenntnisse voraus.

Dem Yoga-Meister Satyananda Saraswati verdanken wir, dass viele einzelne Praktiken in *Yoga Nidra,* dem Yogischen Schlaf, zusammengefasst wurden. In dieser Form wurde *Yoga Nidra* zur Basis meiner eigenen Arbeit, in der ich Musiktherapie, kreative Visualisierung und psychologisches Wissen miteinander verbinde.

Mein Ziel ist es, einen einfachen Weg auf eine tiefere Bewusstseinsebene – auf die Alpha-Ebene – aufzuzeigen und die einzelnen Schritte zu vermitteln. Auf dieser tieferen und entspannteren Bewusstseinsebene können wir mehr von unseren geistigen Fähigkeiten nutzen und damit ein größtmögliches Maß an Verantwortung für uns selbst übernehmen.

Ich weiß, wie wirksam diese Methode ist – sie ist etwas Besonderes. Der Bewusstseinszustand der Alpha-Ebene kann einfach erreicht und konkret genutzt werden, um das eigene Leben zu gestalten. Mit Hilfe von *Yoga Nidra* können wir eine Veränderung erreichen, die wir uns wohl alle wünschen. Wir können alte Blockaden lösen, uns von Fremdbestimmung und eigenen Abhängigkeiten befreien und damit frei werden für den eigenen Lebensweg.

In diesem Zusammenhang blicke ich auch mit großem Interesse auf die Erkenntnisse der Neurobiologie, die altes Weisheitswissen immer häufiger wissenschaftlich untermauern. Die Bedeutung der Gedanken und Gefühle wird immer deutlicher. So kommt es, dass Gehirnspezialisten Buddha zitieren: »Alles, was wir sind, ist das Ergebnis unserer Gedanken. Der Geist ist alles. Was wir denken, dazu werden wir«. Filme wie ›Bleep‹, die auf großes Interesse stoßen, haben den Anspruch, diese Erkenntnisse an der Schnittstelle zwischen Spiritualität und Wissenschaft allen Menschen zugänglich zu machen. *Yoga Nidra* ist eine sehr gute Methode, um diese Erkenntnisse umzusetzen, und dies gilt keinesfalls nur für Menschen, die sich bereits mit Yoga befasst haben. Der Weg ins Unbewusste ist allen Menschen zugänglich und die entspannenden, kreativen, tieferen Gehirnfrequenzen wie Alpha und Theta können wir natürlich auf vielfältige Weise erreichen.

Meine umfangreiche Seminartätigkeit zeigt mir, dass immer mehr Menschen sich für Methoden interessieren, das eigene Bewusstsein zu erweitern und die Kräfte des Unbewussten zu nutzen. Kurse, die das Entwickeln eigener Fähigkeiten zur Heilung und Selbstheilung oder des eigenen kreativen Potenzials zum Inhalt haben, sind deshalb gefragter denn je. Diese Entwicklungen in meiner Praxis und in Seminaren zu begleiten ist beglückend und macht mir aus tiefstem Herzen Freude.

Allerdings gilt für *Yoga Nidra* wie für viele andere Bewusstseinstechniken: Das Geheimnis seiner Wirkung liegt in der Übung und in der wiederholten Anwendung. Also wieder das Bekannte: Übung und Geduld. Da ich weiß, dass Menschen lieber lesen, dass sie nichts selbst tun, sondern nur wünschen müssen, ließ ich den Gedanken an ein Buch zunächst wieder fallen. Aber wie eine Botschaft von unbekannt schickten mir immer mehr Menschen Nachrichten, mit denen sie mir sagten, wie wichtig das *Yoga Nidra*-Seminar für sie gewesen sei und wie sehr die tägliche Praxis ihr Leben verändert habe. Viele berichteten mir von einem neu gewonnenen Gefühl der persönlichen Freiheit. Und wer selbst frei und glücklich ist, wird sich diese Freiheit auch für andere Menschen wünschen. Er wird Mitgefühl entwickeln für Menschen, die gefangen sind in ihrem Denken und Fühlen. Damit leistet der Einzelne einen wertvollen Beitrag zur Entwicklung der Menschheit – hin zu mehr Verständnis, Toleranz und Mitgefühl.

1

DAS ALPHA-PRINZIP

»Man stelle sich vor: eine einzige Nervenzelle produziert, wenn sie einer anderen etwas mitzuteilen hat, Impulse von 1/10 Volt, und zwar einige Dutzend bis zu über 100 pro Sekunde! Das ergibt ein ordentliches Gewitter – das müsste man doch eigentlich messen können.« (Prof. Guttmann).

Solche Gedanken dürften den deutschen Arzt und Forscher Hans Berger auch bewegt haben, als er 1924 in Jena auf die Fähigkeit des menschlichen Gehirns gestoßen war, elektrische Wellen auszusenden. Dabei entdeckte er zuerst Alpha-Wellen mit einer Frequenz von 8 bis 13/14 Hz (Schwingungen pro Sekunde). Im Jahr 1935 wurden die Deltawellen (1 bis 4 Hz) entdeckt, später die Betawellen (14 bis 30 Hz) und Thetawellen mit 3 bis 7 Hz. Diese elektrischen Wellen, die aufgrund der Zellkommunikation entstehen, werden im Elektroenzephalogramm mittels empfindlicher Elektroden aufgezeichnet, die auf der Kopfhaut befestigt sind. Es ist erwiesen, dass im EEG Informationen über die Hirnfunktionen enthalten sind. Es lassen sich Veränderungen beim Lesen, Musikhören, Kopfrechnen, bei der Raumvorstellung nachweisen, genauso wie in Entspannungs- und Stressphasen.

Dabei bewegen sich die gemessenen Hirnströme – auch während des Schlafs – immer zwischen höherer und niedrigerer Erregbarkeit. Die Tabelle auf Seite 10 zeigt diese Verbindung anschaulich.

In allen alten Kulturen kannte man das Geheimnis der Alpha-Wellen. Die Schamanen waren in der Lage, Menschen zum Beispiel durch den Einsatz von Musik in tiefere Bewusstseinsebenen zu führen. Der Rhythmus der Trommelmusik entspannt das Gehirn, so dass tiefere Frequenzen produziert werden. Waren Heiler und

Die einzelnen Frequenzen im Gehirn

0–3 Hz	Deltawellen	extrem langsam, tiefer traumloser Schlaf, Trance, Narkose
3–7 Hz	Thetawellen	tiefe Entspannung, REM-Phase während des Schlafs, tiefe Meditation, Hypnose, Trance, Phantasie (bei Kindern zwischen drei und sechs Jahren häufig auftretend)
8–13 bzw. 14 Hz	Alphawellen	entspannte Wachheit bei geschlossenen Augen, ruhiger Geist, wohlige Entspannung, Konzentration nach innen z.B. auf innere Organe oder auf den Körper, verstärkte Aktivierung der rechten Gehirnhälfte, wohlige Entspannung, ruhiges gelassenes Denken, gute Integration von Körper und Geist
14–30 Hz	Betawellen	wacher, gespannter und alarmbereiter Zustand, verbunden mit nach außen gerichtetem Bewusstsein, logische Verarbeitung von Daten, sensorisch-motorische Aktivität, aber auch Unruhegefühle, Angst, Stress

Patient auf einer tieferen und entspannteren Bewusstseinsebene, konnte durch das Einbeziehen der unbewussten Informationen die Lösung für die Krankheit oder das jeweilige Problem gefunden werden. Die schamanische Priesterin oder der Stammesschamane begleiteten dabei den Kranken oder Hilfesuchenden auf seiner Reise zu seinem innersten Wesen, zur Quelle der Selbstheilungskräfte. Hier am Schnittpunkt zwischen der eigenen Persönlichkeit und dem Universellen konnten die Kräfte der Natur gespürt und die Einheit mit dem Göttlichen zumindest für kurze Momente erfahren werden.

Der Mensch der Neuzeit, der sich über das Denken definierte, belächelte solche Vorstellungen, und nicht selten bekämpfte er sie sogar. Bis auch für den denkenden Menschen die Grenzen der Machbarkeit erreicht wurden. Ein Punkt, an dem wir uns heute noch befinden. Stellen Sie sich einmal bildlich vor, wie die Nervenzellen im Gehirn miteinander kommunizieren. Jeder Gedanke, jede Information am Zeitungsstand, im Radio, beim Bäcker, im Supermarkt wird aufgenommen, bei Bedarf weitergeleitet, bearbeitet und im großen Speicher abgelegt. Wenn wir allein eine Stunde unseres täglichen Lebens aus dieser Sicht betrachten, können wir uns vorstellen, wie die Reizüberflutung unser Gehirn überfordert. Dabei kommt mir eine Grundregel aus der Naturheilkunde in den Sinn, die wohl auch für unser Gehirn zutrifft: Kleine Reize regen die Lebenskraft an, mittlere hemmen sie, große setzen sie außer Kraft. Wenn die Reizschwelle auch individuell unterschiedlich ist, gilt sicher auch für unser Gehirn, dass es mit erhöhter Aktivität auf kleine Reize reagiert; ein Grund, warum das Lernen im Alter allerorts als Anti-Demenz Mittel gepriesen wird. Werden die Reize deutlich mehr, kommt es zu einer Erhöhung der Gehirnfrequenz, die Merkfähigkeit nimmt bereits wieder ab. Haben wir es mit einer dauernden Reizüberflutung zu tun, gelingt es dem Menschen immer schwerer, »abzuschalten« und sich zu entspannen. Damit ist das Gehirn nicht mehr in der Lage, ausreichend Alphawellen zu produzieren. Die Anfälligkeit für Infekte, Allergien und auch für seelische Erkrankungen steigt.

Erst in der zweiten Hälfte des 20. Jahrhunderts wurde das »Phänomen Stress« als Verursacher vieler Krankheiten und Beschwerden gesehen. Ein neues Interesse an den alten Weisheitslehren erwachte. Yoga und Traditionelle Chinesische Medizin, Hildegard von Bingen, *Yoga* und *Ayurveda* wurden als Quellen der Weisheit neu belebt. Die Neurobiologie und die Gehirnforschung nahmen sich der »außerordentlichen Bewusstseinszustände« an, wie sie während spiritueller Praktiken, während Gebet oder Meditation entstehen. Dabei galt der Alpha-Gehirnfrequenz, die zwischen 7 und 14 Hz liegt, das besondere Interesse. Alphawellen entstehen, wenn sich der Mensch in einem tief entspannten Zustand befindet, zwischen Schlaf und Wachsein. Die Medizinwissenschaft Psychoneuroimmunologie steuerte die Information bei, dass, während unser Gehirn diese »Wellen« produziert, die Regeneration des Körpers eingeleitet und die Selbstheilungskräfte angeregt werden. Dabei wird verstärkt die rechte Gehirnhälfte aktiviert, die zuständig ist für die ganzheitliche Wahrnehmung, für Kreativität und für die spielerische Seite.

Auf dieser tieferen und entspannteren Bewusstseinsebene scheint die Grenze zum Unbewussten durchlässiger zu sein. Da es sich um einen entspannten Wachzustand handelt, können die so gewonnenen Erkenntnisse und Erfahrungen relativ leicht ins Bewusstsein und damit konkret ins Leben integriert werden.

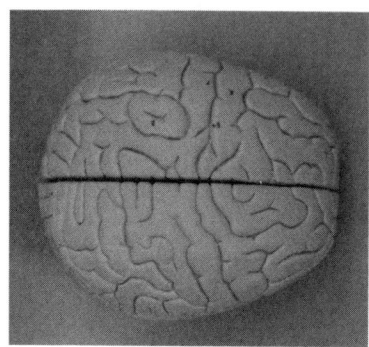

Linke und rechte Hälfte des Großhirns

Besondere Verdienste um die Erforschung des »Alpha-Phänomens« gebühren dem amerikanischen Bewusstseinsforscher José Silva. Er ließ im Laufe von Jahrzehnten Hunderte von Studien an verschiedenen Universitäten dazu erstellen. Mit ihrer Hilfe konnte belegt werden, dass das menschliche Potenzial wesentlich mehr genutzt werden kann, wenn es dem Menschen gelingt, die Zeitspanne der Alphawellen zu erhöhen. Viele Studien beschäftigten sich mit der Aktivierung der Selbstheilungskräfte im Alpha-Zustand. Dazu wurden alle bekannten Techniken untersucht, die zu einer deutlichen Entspannung des Gehirns führen. Yoga, Meditation, Singen und Musik, tiefe Naturerlebnisse, Körperberührung – um nur einiges zu nennen – nehmen dabei einen besonderen Stellenwert ein.

Basierend auf diesen Erkenntnissen entwickelte Silva eine eigene Methode, die zu einem tief entspannten Bewusstseinszustand führt.

Die Praxis des *Yoga Nidra* verbindet in einmaliger Weise mehrere Faktoren, die schnell und sicher auf die Alpha-Ebene führen: körperliche Ruhe, Tiefenentspannung, Ruhe in den Gedanken, gleichmäßige Vorstellung eines inneren Vorgangs (Lenkung der Energie in die einzelnen Körperteile), Atmung, Visualisierung.

Abschließend möchte ich noch einmal auf das Bild mit den kommunizierenden Nervenzellen zurückkommen. Während die Informationen bei einem einfachen Spaziergang durch die Stadt hektisch hin und her, auf und ab eilen, entsteht während *Yoga Nidra* ein völlig anderes Bild: Die Information »Daumen« kommt im Gehirn an, wird zur Kenntnis genommen, ohne dass tausend andere gleichzeitig auf das Gehirn einströmen. Das *Sankalpa,* der Satz, den wir für die Zukunft einprogrammieren, wird wahrgenommen. Man könnte sich bildlich vorstellen, wie die kommunzierenden Nervenzellen staunen: ein Satz! Keine tausend Wörter, keine sekündlich wechselnden gegenteiligen Botschaften.

Vielleicht geht es Ihnen dabei wie mir: Schon allein die Vorstellung an diese Ruhe im Gehirn lässt mich durchatmen.

Das Wichtigste in Kürze

- Unser Gehirn produziert elektrische Wellen, die aufgrund der Zellkommunikation und der damit verbundenen Aktivität entstehen.
- Über das Enzephalogramm (EEG) lassen sich Veränderungen der Gehirnfrequenz feststellen, sie werden in Hz gemessen.
- Während bestimmter Aktivitäten wie Lesen, Sprechen, Musikhören, Entspannung werden entsprechend unterschiedliche Gehirnfrequenzen gemessen (siehe Tabelle Seite 10).
- Wir unterscheiden 4 Frequenzbereiche, die den entsprechenden Aktivitäten zugeordnet werden.
- Alphawellen (8 bis 13 bzw. 14 Hz) treten auf im entspannten Wachzustand bei geschlossenen Augen, wenn der Geist ruhig ist, während wohliger Entspannung und Konzentration nach innen, während der Meditation, vor dem Einschlafen, wenn der Körper entspannt ist, während der Konzentration nach innen, zum Beispiel auf innere Organe oder auf den Körper.
- Diese Gehirnfrequenz führt zu verstärkter Aktivierung der rechten Gehirnhälfte, Körper und Geist, Intellekt und Kreativität, logisches Denken und intuitives Erfassen können verbunden werden.
- Der Zugang zum Unbewussten und damit zu den verborgenen Ressourcen, aber auch zu den Schattenanteilen wird erleichtert.
- Auf der Alpha-Ebene können diese Informationen, anders als die Botschaften während des Schlafes, leicht ins Bewusstsein integriert werden.

2

BEWUSSTSEIN UND »NICHT-BEWUSSTSEIN«
eine Partnerschaft für das ganze Leben

»Wie eine kleine Insel im großen Meer des Unbewussten könnte man sich unser bewusstes Ich vorstellen«, sagt der moderne Philosoph Ken Wilber. Eine kleine Insel, die sich gegen die heranbrausenden Wellen behaupten will und dabei oft glaubt, das Meer kontrollieren zu können.

Die Botschaft dieses Bildes verstehen wir noch besser, wenn wir sie auf einfache Lebenssituationen übersetzen. Erinnern Sie sich an eine Situation, in die Sie »hineingeschlittert« sind, in ein Streitgespräch beim Frühstück, als Sie, noch gar nicht ganz wach, mit einer unangenehmen Situation konfrontiert wurden. So etwas passiert mir nicht mehr, nächstes Mal bin ich aufmerksamer und reagiere nicht auf den anderen, sagt Ihr Verstand. Aber schon auf der Fahrt zur Arbeit scheint dieser Vorsatz vergessen. Jemand nimmt Ihnen die Vorfahrt, Sie ärgern sich über die Maßen und reagieren unbedacht. Oder Sie haben sich vorgenommen, ab jetzt abends nichts mehr zu essen oder mindestens keinen Alkohol mehr zu trinken. Schon am dritten Tag übernimmt der Wunsch nach einer Tafel Schokolade oder nach einem Glas Wein die Führung. Wo bleibt die bewusste Entscheidung von gestern? Menschen, die mit einer Suchtproblematik kämpfen, können von dieser Form der Machtlosigkeit ein Lied singen.

Oder wohin verschwinden all die Erinnerungen aus vielen Lebensjahrzehnten, um dann vielleicht kurz vor dem Tod wieder aufzutauchen? In meiner langjährigen Praxistätigkeit konnte ich viele Geschichten sammeln, die Rätsel dieser Art aufgeben. Ich erinnere mich an eine Klientin, deren über 80-jähriger Vater, der seit Jahren unter Altersdemenz litt, kurz vor seinem Tod immer wieder einen Frauennamen rief. Niemand wusste, was sich dahinter verbarg.

Über die ältere Schwester ihres Vaters fand meine Klientin heraus, dass es im Elternhaus ein Kindermädchen mit diesem Namen gegeben hatte, das aber bereits das Haus verlassen hatte, als der Junge zwei oder drei Jahre alt war.

Wo hatte diese frühe Erinnerung all die Jahre geschlummert und welches Geräusch oder welcher Geruch hatte die Erinnerung geweckt? Erstaunlicherweise reichen gerade Gerüche am weitesten zurück in die Vergangenheit und können entsprechende Bilder am schnellsten hervorholen.

Zwischen den Bereichen bewusst und unbewusst besteht eine ununterbrochene Dynamik, ein »kleiner Grenzverkehr« hin und her. Auf diesem Auftauchen von unbewussten Inhalten, die ins Bewusstsein integriert werden, und auch dem Verschwinden von Erlebtem im Unbewussten beruht einerseits die normale Entwicklung des Bewusstseins. Andererseits entstehen daraus auch die Störungen: auf der einen Seite eine rigide Abwehr des Unbewussten, was dazu führt, dass wir den eigenen Schatten, die eigenen verdrängten und als negativ empfundenen Anteile auf andere projizieren, in denen wir dann die »Achse des Bösen« sehen. Auf der anderen Seite kann es zur Überflutung des Bewusstseins zu panikartigen Angstzuständen oder Verlust des Ich-Gefühls kommen.

Yoga wird aus westlicher Sicht als Psychologisches System bezeichnet, als Methode des Trainings, das zur Erweiterung und Vertiefung des Bewusstseins führt. Yoga scheint unter den Wegen der Selbstvervollkommnung der erste Rang gewiss.

Graf Keyserling
(Reisetagebuch eines Philosophen)

Menschliches Bewusstsein hat sich im Lauf der Evolution entwickelt und hängt mit der Entwicklung des Großhirns zusammen. Bewusstsein – und das, was wir als bewusstes Ich bezeichnen – ist die Stätte von Verantwortung und Entscheidung, die Instanz, die über Gut und Böse richtet. Dieses Ich ist allerdings nur imstande, seine Aufgabe zu erfüllen, wenn es in einem lebendigen Austausch mit dem Unbewussten steht und sich seiner Verbindung mit einem größeren Ganzen bewusst ist.

In den 60er und 70er Jahren galt das Interesse in starkem Maße den sogenannten bewusstseinserweiternden Methoden: Drogen aus der Tradition der Schamanen oder künstliche wie LSD, Atemtechniken oder Körpererfahrungen, wie sie aus der östlichen *Tantra*-Lehre überliefert sind, meist in Verbindung mit spezieller Musik. Mit Hilfe dieser Techniken wurde die Membran zwischen Bewusstsein und Unbewusstem durchlässiger und man konnte mehr herausfinden über das, was sich im Unbewussten verbirgt. Die Gefahr dabei ist allerdings, dass das bewusste Ich den Inhalten des Unbewussten nicht standhält.

Vor allem bei der Einnahme von Drogen kann es zu schweren psychischen Störungen und Traumas kommen. Das Unbewusste überflutet das bewusste Ich, die Inhalte können nicht mehr auseinandergehalten werden und es kann zu psychotischen Zuständen kommen.

Ausgelöst wurde dieses große Interesse an der Macht des Unbewussten bereits am Ende des 19. und frühen 20. Jahrhunderts durch große Ärzte und Psychologen, von denen ich nur Sigmund Freud, C. G. Jung oder Roberto Assagioli nennen möchte.

C. G. Jung und das Unbewusste

Vor allem dem Schweizer Seelenarzt Carl Gustav Jung ist ein umfangreiches Wissen über das Unbewusste zu verdanken. C. G. Jung erkannte sehr früh, dass das Unbewusste nicht nur eine Sammelstätte von verdrängten Trieben, Wünschen und Frustrationen ist, sondern vor allem eine verborgene Quelle, aus der der Mensch lebenslang schöpfen kann. Seine Forschungen, die sich mit den Mythologien der Welt befassten, führten ihn zu dem Schluss, dass es neben dem Persönlichen Unbewussten ein Kollektives Unbewusstes geben muss, in dem alle gemachten Erfahrungen, alle Urbilder der Menschheit gespeichert sind. Sein Interesse galt dabei neben der afrikanischen Kultur vor allem den Weisheitslehren Chinas und Indiens. In einem Brief an den Indologen Hauer sprach er davon, dass er sich »der tiefen Wesensverwandtschaft seiner Auffassung mit dem Yoga bewusst sei«.

In erster Linie hat Jung seine Analytische Psychologie allerdings in großem Maße aus der eigenen Lebenserfahrung heraus entwickelt. Er sagte einmal: »Meine Lehre war die einzige Möglichkeit für mich, im Chaos nicht unterzugehen.« Jung entwickelte Methoden, wie man mit den unbewussten Inhalten in Kontakt kommen kann, ohne von ihnen überwältigt zu werden. Dieser Gefahr war er sich sehr wohl bewusst. Seit ich selbst in meiner Praxis mit Imaginativer Musiktherapie arbeite, erlebe ich immer wieder, welche kraftvollen und wirkungsvollen Bilder im Unbewussten gespeichert sind. Vor allem, wenn es sich um traumatische Erlebnisse handelt, muss man sehr vorsichtig damit umgehen, diese Inhalte bewusst zu machen. Diese Form der Imaginativen Musiktherapie wurde von Dr. Helen Bonny in den 60er Jahren auf der Basis der Jung'schen Psychologie entwickelt. Als die amerikanische Musiktherapeutin Margret Tilly die Gelegenheit hatte, Jung mit dieser Arbeit vertraut zu machen, reagierte er sehr überrascht. Er äußerte sich begeistert darüber, wie leicht die Musik unbewusste Inhalte zum Vorschein bringt, und sprach sogar davon, dass man in Zukunft unbedingt die Musik in der Tiefenpsychologie einsetzen sollte. Jung selbst entwickelte verschiedene Methoden, um die Inhalte des Unbewussten bewusst zu machen. Er ließ Phantasiepersonen in seinem Inneren auftauchen, um mit dem Unbewussten ins Gespräch zu kommen. Er berichtet in seinen Erinnerungen, dass ihm lange Jahre ein innerer Berater zur Seite stand, den er Philemon nannte. Mit ihm tauschte er sich auf langen Spaziergängen aus und führte wichtige Gespräche. Er »habe«, so berichtet Jung, »von diesem alten Weisen sehr viele interessante Dinge erfahren«. Philemon war für ihn ein archetypisches Bild des Weisen, wie es ihn in nahezu allen Mythen und Märchen gibt. Mit Hilfe seines persönlichen inneren Bildes konnte er nicht nur mit seiner persönlichen, sondern mit der Weisheit der Menschheit in Kontakt treten, die im Kollektiven Unbewussten gespeichert ist. Im inneren Dialog mit Philemon formulierte er seine eigenen Erkenntnisse und ergänzte sie mit den Informationen, die er von seinem inneren Weisen erhielt. In einer Antwort auf einen Leserbrief schrieb er: »Man muss nämlich selber in die Phantasie eintreten und die Figuren zwingen, Rede und Antwort zu stehen. Dadurch erst wird das Unbewusste dem Bewusstsein integriert, nämlich durch ein dialektisches Verfahren, das heißt durch den Dialog zwischen Ihnen und den unbewussten Figuren. Was in der Phantasie geschieht, muss Ihnen geschehen.« Wie aktuell das Thema der Phantasie-Figuren, der archetypischen Bilder, wie sie in Märchen und Mythen auftauchen, ist, kann man zum Beispiel an dem riesigen Erfolg von Harry Potter ablesen, der eine Art moderner Held geworden ist.

Jung ging es bei seiner Analytischen Psychologie nicht in erster Linie um die Anwendung einer Methode, sondern um das individuelle Verstehen des Menschen. Die Heilung entsteht aus der Begegnung von Arzt und Patient, die sich gegenseitig etwas zu sagen haben und die beide an der Begegnung wachsen.

»Die Wirkung, auf die ich hinziele, ist die Hervorbringung eines seelischen Zustandes, in welchem mein Patient anfängt, mit seinem Wesen zu experimentieren, wo nichts mehr für immer gegeben und hoffnungslos versteinert ist, eines Zustandes der Flüssigkeit, der Veränderung des Werdens.«

Dieser Satz gilt in besonderem Maße für das, was wir mit *Yoga Nidra* erreichen wollen: ein Sich-kennen-Lernen, eine Veränderung, ein Werden aus innerer Kraft heraus.

Auf einige Begriffe aus der Analytischen Psychologie nach Jung möchte ich näher eingehen, da sie mir im Zusammenhang mit *Yoga Nidra* wichtig erscheinen:

Das Persönliche Unbewusste umfasst

- alles, was wir je gedacht und gefühlt, gesprochen, erlebt haben,
- unsere Ressourcen, unsere bisher unentdeckten Begabungen und Fähigkeiten, die nicht gefördert wurden oder die bisher noch nie gefragt waren,
- unsere Schattenanteile, die verdrängten Erinnerungen an Verletzungen, an eigene Fehler, die wir gemacht haben,
- noch nie Bewusstgewesenes, wie zum Beispiel vorgeburtliche Erfahrungen

Das Kollektive Unbewusste

Jung, der diesen Begriff geprägt hat, verstand darunter ein »universelles und gleichartiges Substratum«, dessen Gleichartigkeit so weit geht, dass man überall auf der Welt die gleichen Mythen und Märchen findet. Das Kollektive Unbewusste umfasst weit mehr als das Persönliche Unbewusste und schließt ererbtes und überliefertes Wissen der Welt ein. So sehr sich die Psyche des einzelnen Menschen vom anderen unterscheidet, so gleichartig ist sie im kollektiven Sinn.

Ähnlich wie jeder menschliche Körper nach dem gleichen Grundmuster aufgebaut ist, gibt es auch seelische Grundmuster, zum Beispiel des Verhaltens oder der Reaktion auf bestimmte Erlebnisse. So kennt man in der ganzen Welt Trauer und Freude oder Weinen und Lachen.

Als **Archetypen** bezeichnet C.G. Jung die Strukturelemente des Kollektiven Unbewussten. Sie können sich auf die biologische Ebene beziehen, auf die Natur in uns und die äußere Natur, auf unseren Lebenstrieb und unseren Instinkt, den wir mit allen Menschen teilen. Zu den wichtigen und häufig auftretenden archetypischen Bildern aus diesem Bereich gehören Bäume, Wolken, Berge oder das Meer.

Beziehen wir den Begriff Archetyp auf die psychologische Ebene, so kennen wir bestimmte Formen seelischen Erlebens, wie zum Beispiel die Reaktion auf die Geburt eines Kindes oder beim Tod eines Angehörigen.

Mit dem Begriff ›Archetyp‹ bezeichnete Jung eine dem Menschen gemeinsame Grundform oder Urgestalt. Der Archetyp hat immer eine Licht- und eine Schattenseite. Man könnte den Archetyp als das Achsengitter des Kristalls beschreiben, aus dem heraus die vielfältigsten Formen sich gestalten. So wird der Archetyp ›Held‹ zu jeder Zeit und in jeder Kultur ein anderes archetypisches Bild hervorbringen: Der heilige Georg, der als Held mit dem Drachen kämpft, wird in der heutigen Zeit durch einen Schauspieler oder eine Figur aus der Phantasy- oder Computer-Welt ersetzt, das Urbild bleibt immer dasselbe. Archetypen finden sich in unseren Märchen und Mythen, aber auch in der Natur.

Die vielen Musikerfahrungen meiner Klientinnen und Klienten haben unzählige dieser archetypischen Bilder zum Vorschein gebracht: Bei einer Frau, die unter einer besonders aggressiven Krebserkrankung litt, tauchte über Monate immer wieder eine alte Heilerin auf, die ihr Mut machte und ihr sogar Heilungsgeschichten aus ihrer indianischen Heimat erzählte. Die Klientin, die bisher keinen

Bezug zu dieser indianischen Welt hatte, empfand das als sehr tröstlich- ihre persönliche Leidensgeschichte schien jetzt eingebunden in eine größere Menschheitsgeschichte, in das Leiden aller Menschen. Seit Jahren ist sie wieder gesund und pflegt seither die Beziehung zu den Kräften in ihrem Inneren mit großer Sorgfalt.

Aktivieren wir ein derartiges archetypisches Bild auf dem Weg der Phantasie durch Musik, Träume oder durch die Praxis von *Yoga Nidra,* schöpfen wir aus der Quelle des Kollektiven Unbewussten und damit aus dem Urgrund alles Menschlichen, der unser Leben trägt.

Ein weiterer Begriff, den C. G. Jung geprägt hat und der uns längst umgangssprachlich vertraut ist, heißt **Komplex**.

Wie das Wort sagt, handelt es sich um etwas Zusammengefügtes, etwas fest Verbundenes. Es handelt sich um Gedächtnisinhalte des Unbewussten, die eine starke emotionale Qualität besitzen. Ein natürlicher, jedem Menschen eigener Verdrängungsmechanismus steht dahinter, dass sich diese Komplexe bilden. Denn Verdrängungsmechanismen gehören zum seelischen Haushalt jedes Menschen, nur so können wir überleben und uns an die dauernd wechselnden Lebensbedingungen anpassen, jeden Tag neu beginnen, ohne den ganzen Ballast des vorhergegangenen Tages.

So wie der Archetyp eine Licht- und eine Schattenseite hat, gibt es positive und negative Komplexe. Allerdings beschäftigen uns die negativen Komplexe, die uns an der Entfaltung des eigenen Potenzials hindern, sehr viel mehr. Positive Komplexe zeigen sich oft in Form von spontanen Einfällen, von Kreativität, die tief aus dem Unbewussten kommt. Brach liegende Begabungen haben sich im Unbewussten »heimlich« immer mehr mit Material angereichert, bis sie stark genug waren, ins Bewusstsein zu drängen.

An der Komplexbildung ist die Außenwelt in Form von Erziehungs- und Milieueinflüssen beteiligt. Nehmen wir ein gängiges Beispiel: Groß und schlank zu sein, gilt als erstrebenswert in unserer Gesellschaft. Wie eine Studie zeigt, verbinden sehr viele Menschen damit Attraktivität, Erfolg und die Chance »eine gute Partie« zu machen. Hat man schon als Kind von seiner attraktiven schlanken Mutter gehört: »Kind, iss nicht so viel, so findest du nie einen Mann«, ist ein Komplex-Kern entstanden, eine seelische Kränkung, die zunächst verdrängt und von vielen anderen Dingen überlagert wird. An diesen Kern kleben sich nun ähnlich emotional besetzte Erlebnisse (der erste Freund, der einen verlässt, weil er eine hübschere Freundin gefunden hat, etc.). So nimmt der Komplex an Masse und damit auch an Energie zu, mit der er unser Leben beeinflusst. Liegt die junge Frau dann mit der neuesten Modezeitung im Bett und sieht all die attraktiven schlanken Frauen, mit denen sie ihr eigenes Aussehen vergleicht, übernimmt der Komplex noch mehr das Regiment. Er wird autonom, schwächt das Selbstbewusstsein. Der Komplex bestimmt das Erleben und Verhalten, unter seinem Sog nehmen wir subjektiv und vor allem selektiv alles wahr, was dazu passt. »Alle sind schlank, nur ich nicht.«

Solange uns der Komplex unbewusst ist, verläuft seine Aktivierung autonom, d.h., wir sind dieser Aktivierung machtlos ausgeliefert. Da das Wesentliche am Komplex die Emotion ist, erleben wir Komplexe auch körperlich in Form von Symptomen oder Krankheiten. Wenn wir die positive Seite betrachten, können wir feststellen, dass in Komplexen jede Menge Energie verborgen ist. Da sie sich häufig im Bereich des Selbstwerts befinden, steuern sie unsere Interessen und geben uns oft die Energie, am Thema Selbstliebe und Selbstwert zu arbeiten. So führt oft gerade der Komplex eines schwachen Selbstbewusstseins zu verstärkten Anstrengungen auf schulischem Gebiet, mit deren Hilfe diese Schwäche kompensiert werden kann. Die Kompensation gibt zunächst eine gewisse Sicherheit, darauf aufbauend kann man dann im Laufe des Lebens ein echtes Selbstwertgefühl entwickeln, das nicht mehr nur abhängig von Leistung, Schönheit oder Besitz ist.

In der Praxis des *Antar Mouna,* die sich aus der buddhistischen Vipassana-Meditation ableitet und die einen Teil des *Yoga Nidra* bildet, können wir diese komplexhaften Gedanken und Gefühle auftauchen lassen und sie wahrnehmen. Das allein wirkt schon befreiend. So wie sich die Königin im Märchen fühlte, als sie den Namen von Rumpelstilzchen erfuhr und dieses böse Zwergenwesen damit seine Macht verlor. Üben wir regelmäßig, werden immer tiefere Schichten ihre Geheimnisse preisgeben. Immer klarer erkennen wir, welche Gedanken, welche Ängste, Hoffnungen und Wünsche uns in Wahrheit bestimmen.
Wenn Sie selbst regelmäßig meditieren, werden Sie wissen, wie sehr ein Gedanke Sie tyrannisieren kann, wenn Sie versuchen, ihn bewusst zu verdrängen. Erst das Zulassen und Annehmen bringt Ruhe und die Erkenntnis, welche Qualität zu entwickeln ist, um mit diesem Thema fertig zu werden.
Der nächste Schritt, das Formulieren des *Sankalpa,* bietet uns dann die Möglichkeit, diese Bewusstseinsinhalte zu wandeln, alte komplexbeladene Verhaltens-, Denk- und Gefühlsmuster loszulassen. Die dadurch freiwerdende Energie werden Sie schon nach kurzer Zeit spüren.

Mit Hilfe von *Yoga Nidra* können wir ein stabiles Selbstbewusstsein aufbauen. Je tiefer wir mit uns selbst in Kontakt kommen, um so mehr spüren wir unser inneres Selbst und können es von der **Persona** unterscheiden.
Der Begriff »Persona« leitet sich ab von lateinisch ›per-sonare‹ ›durchtönen‹. Es bezieht sich auf die Maske, die der Schauspieler der griechischen Antike oder des japanischen klassischen Theaters

vor sein Gesicht hielt und durch die seine Stimme tönte. Die Persona ist die der Außenwelt zugewandte Seite, sie zeigt unsere Stellung in der Gesellschaft, unseren Beruf und ist den Erfordernissen der Umwelt angepasst. Sie zeigt die Rolle, die jemand aufgrund seiner Eigenschaften, seines Amtes und seiner Würde im Leben spielt. Im besten Fall sollte die Persona mit dem Inneren, mit dem Selbst verbunden sein. Die Persönlichkeit wird dann als authentisch empfunden.

Maske aus dem japanischen Noh-Theater

Identifizieren wir uns übermäßig mit unserer Rolle, mit Beruf und Statussymbolen, entwickeln wir genauso wenig eine echte Persönlichkeit wie bei mangelnder Anpassung und bei Verweigerung jeder gesellschaftlichen Rolle oder Funktion.

Im Idealfall entwickeln wir eine notwendige Anpassung, sind bereit, Verantwortung zu übernehmen, aber sind auch kritisch genug, Normen und Vorstellungen anderer zu hinterfragen und gegebenenfalls abzulehnen.

Auch in diesem Bereich hilft uns *Yoga Nidra,* unser wahres Wesen zu entwickeln. Durch den vertieften Kontakt mit dem eigenen Körper entwickeln wir ein Gefühl für das eigene Ich, für seine Grenzen und Möglichkeiten.

Gerade Frauen leiden oft unter einem Mangel an Abgrenzungsfähigkeit. Wenn sie emotional berührt sind, fällt es ihnen schwer, Nein zu sagen, und sie gehen dann weit über ihre Grenzen. Sie identifizieren sich so sehr mit ihrer Rolle als Mutter oder als Therapeutin, dass die eigene Person dahinter fast verschwindet. Abgrenzung beginnt im Körper: Die Haut ist die Grenze zwischen Innen und Außen, die Atmung wechselt zwischen Innen und Außen und der Wach- und Schlafrhythmus zeigt ebenfalls die Grenze zwischen dem eigenen Ich und der Begegnung mit anderen. Wenn Sie lernen wollen, sich besser abzugrenzen, üben Sie *Yoga Nidra.* Sie werden spüren: Mit Ihrem Körpergefühl wächst auch die Erkenntnis, dass es ganz natürliche Grenzen gibt, die eingehalten werden müssen. Mit Hilfe einer vertieften Körpererfahrung kann **Individualität** entwickelt werden, diese innerste letzte und unvergleichbare Einzigartigkeit, wie sie sich schon in unserem Körper zum Beispiel im Daumenabdruck zeigt. Der Mensch, der echte Individualität entwickelt hat, zeichnet sich durch eine natürliche Wertschätzung der Individualität des Anderen und der Gemeinschaft aus. Er ist also keinesfalls ein Individualist, der die Gemeinschaft flieht oder verachtet, sondern jemand, der die Gemeinschaft bereichert.

Den Weg zur Entwicklung des eigenen Wesens bezeichnete Jung als **Individuationsweg**. Ein Weg der Abgrenzung und Integration bedeutet, Abgrenzung und Loslassen von dem, was uns am Leben hindert, und Integration der Anteile, die bisher vernachlässigt wurden und die entwickelt werden wollen. Die Individuation ist ein Einswerden mit sich selbst und zugleich mit der Menschheit, die man ja auch ist.

Lange habe ich mich gesträubt,
endlich gab ich nach,
wenn der alte Mensch zerstäubt,
wird der neue wach.

Denn so lang du das nicht hast,
dieses Stirb und Werde
bist du nur ein trüber Gast
auf der dunklen Erde.

J. W. v. Goethe

Gelenkt wird dieser Weg von einem inneren Gestaltungsprinzip, das Jung als **Selbst** bezeichnete. Für ihn war das Selbst die »Energiequelle des Individuums, der geheime spiritus rector unseres Schicksals.« Das Selbst drückt die Einheit und Ganzheit der Gesamtpersönlichkeit aus.

Es umfasst bewusste und unbewusste Inhalte, ist nie ganz fassbar, umfasst Ich und Gott gleichermaßen. Wenn wir mit dem Selbst in Verbindung sind, fühlen wir uns lebendig, wir haben das Gefühl von Sinnhaftigkeit, fühlen uns im wahrsten Sinne des Wortes selbst-sicher. Aus dieser Quelle kommt die innere Heilkraft und die Fähigkeit, sich auch nach großen Krisen wieder aufzurichten, wieder Mut und Hoffnung zu schöpfen.

Der Yoga-Weg im Allgemeinen und *Yoga Nidra* im Besonderen lehren uns, wie wir die Verbindung mit dem Selbst festigen und immer wieder erfahren können. Sind Körper, Gefühle und Gedanken zur Ruhe gekommen, können wir die leise Stimme des Selbst vernehmen und so Weisungen aus dem Inneren bekommen.

Die Welt in unserem Kopf – Erkenntnisse der modernen Gehirnforschung

»Aber eben so gut weiß ich als Biologe und Hirnforscher, dass man, um zu neuen Erkenntnissen zu gelangen, genau das tun muss: Grenzen überspringen. Nicht nur Grenzen des bisherigen Denkens, also der bisher zugrunde gelegten Vorstellungen (der inneren Bilder) davon, was als wissenschaftlich betrachtet wird, sondern auch all jene Grenzen, die zwischen den unterschiedlichen Wissenschaftsdisziplinen entstanden sind und den Austausch von Erkenntnissen verhindern.« Das schreibt Dr. Gerald Hüther, Professor für Neurobiologie an der Psychiatrischen Klinik der Universität Göttingen, in seinem Buch »Die Macht der inneren Bilder«. Hierin beschreibt er, wie wir durch unsere entsprechenden Erwartungen, die vorhandenen inneren Bilder, die Wahrnehmung beeinflussen. Wir nehmen wahr, was wir erwarten. Neuere Studien, zum Beispiel der Universität für Neurowissenschaften in Oregon (Beilage SZ Dezember 05 New York Times), beschreiben diesen Mechanismus in etwa so: »Wenn wir etwas wahrnehmen, sei es über die Augen, die Ohren oder über die Hände, also über unseren Tastsinn, so gehen Informationen von den Augen, Ohren oder Händen an eine sensorische Region im Gehirn. Von dort werden sie an höhere Regionen weitergeleitet, wo die Interpretation erfolgt. In diesem höheren Zentrum entscheidet das Gehirn, wie diese Wahrnehmung einzuordnen ist. Es entscheidet, ob uns das Gespürte oder Gesehene angenehm oder unangenehm ist. Während das Rohmaterial der Daten zu den Teilen des Gehirns transportiert wird, wo die bewussten Eindrücke entstehen, bewegen sich Informationen von dieser oberen Steuerungszentrale nach unten. Überraschend ist dabei die Menge der Informationen, die sich von oben nach unten bewegen. Gleichzeitig mit der äußeren Wahrnehmung werden etwa zehn Mal mehr Informationen nach unten gesendet als nach oben. Das heißt, das, was wir zu hören, zu sehen oder zu fühlen glauben, basiert stark auf Vorinformationen, die bereits vorhanden sind. Was wir sehen und wie wir es bewerten, hängt in hohem Maße von dem ab, was wir durch Erfahrungen bereits gespeichert haben. Diese gespeicherten Daten stehen bereit, um die neu ankommenden Informationen auf dieser bewährten Basis zu interpretieren.«

In der oben beschriebenen Studie, die in der New York Times erschien, sprechen deshalb die Gehirnforscher der Hypnose oder zum Beispiel der Selbstsuggestion einen hohen Wert zu. Hypnose bekommt inzwischen Anerkennung von den Neurowissenschaften. Diesbezügliche Forschungen haben ergeben, dass das Gehirn des Menschen während der Suggestion grundlegende Veränderungen in der Verarbeitung von Informationen zeigte. Selbstsuggestion, so sagt dieser Forschungsbericht, ändert wirklich das, was Menschen sehen und hören, fühlen und für wahr halten. Haben sich in unserem Gehirn bestimmte Überzeugungen erst einmal gefestigt, so diese Studie, werden wir auch eine entsprechende Realität vorfinden bzw. die Realität anders interpretieren. Erwarten wir immer das halb leere Glas zu sehen, so werden wir es tatsächlich überall entdecken. Das bedeutet natürlich auch, dass wir Positives entdecken, dort, wo wir es erwarten, wo unser Gehirn bereits entsprechende Vorinformationen besitzt. Machen wir uns diesen Prozess erst einmal in der Praxis deutlich, kann es tatsächlich bedeuten, dass wir Grenzen überspringen und unser Leben neu betrachten müssen. Nehmen wir diese Erkenntnis an, bedeutet das eine viel größere Verantwortung für unser Denken und für die Bilder, die unser Gehirn bevölkern. Wenn wir selbst die Welt durch unser Denken und Fühlen mitgestalten, ist wesentlich mehr Bewusstheit gefordert.

Yoga Nidra gewinnt damit eine sehr große Bedeutung: In den ersten Schritten erreichen wir durch die Tiefenentspannung eine Bewusstseinsebene (die Alpha-Ebene), die uns für Selbsthypnose und Selbstsuggestion empfänglich macht. Wenn wir etwas verändern möchten, müssen wir allerdings erst einmal feststellen, was bereits vorhanden ist, das heißt, was geändert werden soll.

In der Praxis des *Antar Mouna* werfen wir einen Blick in unser Gehirn, um herauszufinden, welche inneren Bilder uns bewegen, welche Gedanken nur darauf lauern, dass neue Eindrücke dazu kommen, die wir dann nicht als neu empfinden, sondern die wir nach dem alten Schema bewerten. Frei nach dem Motto: Ich hab es ja immer schon gewusst.

Auf einen einfachen Nenner gebracht, soll Einstein gesagt haben: »Wir Menschen denken immer dasselbe und hoffen, dass dabei etwas Neues herauskommt«. Leider sind wir uns häufig gar nicht bewusst, was wir wirklich denken. »Es denkt uns« und dabei gleicht der Kopf einer aufgezogenen Spieluhr, die immer die gleiche Melodie spielt.

Durch *Nyasa,* die Lenkung der Energie, stellen wir eine Verbindung zwischen Kopf und Körper her, ein ganzheitliches Empfinden kann entstehen.

Mit dem *Sankalpa,* der Loslösungsformel, dem inneren Entschluss, stimmen wir unser Gehirn auf das neue Sehen, das neue Denken und Fühlen ein. Wir entscheiden damit, nicht den immer gleichen Straßen im Gehirn zu folgen. Diese Straßen sind ja zum Teil von unseren Vor-Vorfahren angelegt worden. Da es so bequem erscheint, bleiben wir auf diesen Straßen und wundern uns nur, dass uns das Leben so wenig Freude macht.

Yoga Nidra hilft uns dabei, einen eigenen kleinen Weg im Gehirn zu bahnen. Wie einen Trampelpfad in einem völlig neuen Gelände, der täglich begangen werden muss, damit er nicht sofort von Gestrüpp überwachsen wird, können wir uns diese neuen Verbindungen vorstellen. Wir müssen ihn befestigen und kennzeichnen, damit er wirklich zu unserem eigenen Weg wird. So braucht auch das *Sankalpa* Zeit, um zu wirken. Ein anderes Bild, das Ihnen hilft, die nötige Geduld aufzubringen, ist ein Same, den Sie in die Erde legen. Auch wenn äußerlich noch nichts zu sehen ist, beginnt es im Inneren des Pflanzenkerns schon nach kurzer Zeit zu arbeiten. Der Keim wächst und dehnt sich aus, bis er eines Tages seine schützende Hülle sprengt und sich nach oben bohrt, bis er als winziges Pflänzchen an die Oberfläche kommt.

Wie Tiefenentspannung und Meditation wirken

Wenn Sie immer noch Zweifel haben, dass Tiefenentspannung, Autosuggestion oder Meditation eine tiefgreifende Wirkung haben können, dann werfen Sie einen Blick in die entsprechenden Untersuchungen zu diesem Thema der Universitäten Bremen, Harvard und Princeton. Mit modernen bildgebenden Verfahren kann man heute sehr leicht nachweisen, wie sich die Hirnaktivität unter dem Einfluss von Meditation verändert. Mit Hilfe der Ausschläge des EEG können Wissenschaftler sogar die Meditationstiefe verfolgen. Je länger man meditiert, umso ausgeprägter werden zunächst die Alpha- und dann die Thetafrequenzen bis zu 4 Hz. Normalerweise findet man diese tiefen Gehirnfrequenzen nur, wenn eine Versuchsperson schläft.

Auch bei stark fokussierter Aufmerksamkeit stellen sich über kurze Zeiträume Thetafrequenzen ein. In den oben beschriebenen Studien wird festgestellt, dass während der tiefen Meditation alle Eindrücke durch die fünf Sinne präsent sind, aber durch diese Eindrücke keine Gedankenaktivität mehr ausgelöst wird. Das schien den Forschern zunächst unmöglich, denn normalerweise löst jeder Sinneseindruck eine ganze Gedankenkette aus, die unsere Vorstellungen, Wünsche und Erfahrungen zu diesem Thema widerspiegelt. In der tiefen Meditation – und dies gilt im gleichen Maße für einen tiefen *Yoga Nidra*-Zustand (zum Beispiel *Yoga Nidra III*) wird der Geist nach und nach klar und wach und entfaltet unabhängig von äußeren Eindrücken sein volles Potential. Menschen, die regelmäßig meditieren, haben eine dickere Hirnrinde (bis zu 5 Prozent stärker), größere Blutgefäße und mehr neuronale Verbindungen und stützende Gliazellen, und zwar in dem Bereich, der für Aufmerksamkeit und Sinnesverarbeitung zuständig ist. Beweisbar ist inzwischen auch, dass Meditation die Herzfrequenz senkt, die Hautleitfähigkeit und damit die Schmerzempfindlichkeit herabsetzt und ausgleichend auf den Stoffwechsel wirkt. Auch die Psychomotorik wird deutlich ruhiger. Die übermäßige Psychomotorik ist gerade bei Störungen wie dem Aufmerksamkeitsdefizit (ADS)-Syndrom ein Hauptproblem.

3

QUELLEN DES YOGA NIDRA

Wenden wir uns den Quellen des *Yoga* zu, müssen wir unseren Blick ins alte Indien zurückschweifen lassen. Bereits in vorchristlichen Jahrhunderten finden wir in den *Veden,* den Weisheitsschriften der Inder, Hinweise auf den Yoga-Weg.

Vor allem in der *Atharveda* finden wir Texte zur *Ayurveda*-Medizin sowie Aussagen zur Yoga-Lehre.

Das indische Sanskrit-Wort **Yoga** bedeutet »Joch«. Das Ochsenjoch, ein alltägliches Bild aus dem täglichen Leben, stand hierfür Pate, um den Sinn des Yoga-Weges anschaulich zu gestalten. Die Verbindung ist es, die das Wesentliche dieses Weges beschreibt. So wie das Joch zwei Ochsen miteinander verbindet und diese mit dem Wagen, soll der Mensch die Verbindung erleben: mit dem eigenen Körper, mit dem Atem, mit Gefühlen und Gedanken und mit dem innersten Zentrum, dem *Atman.* Goethe nennt dies das Band, das alles zusammenhält.

Der *Atman,* der Pate, stand für den von C. G. Jung geprägten Begriff des Selbst, ist verbunden mit seiner Urquelle, mit *Brahman.* Aus dieser inneren stabilen Mitte heraus können wir den wechselhaften Geschehnissen des Lebens mit echtem Selbstbewusstsein begegnen. Das Geheimnis des *Yoga,* so sagen schon die alten Schriften, liegt in: Achtsamkeit und beständiger Übung.

Entspannung bedeutet nicht Schlaf.
Entspannung bedeutet einen glückseligen Zustand, der kein Ende hat.
Ich nenne Glückseligkeit absolute Entspannung;
Schlaf ist etwas anderes.
Schlaf bringt nur dem Verstand und den Sinnen Entspannung.
Glückseligkeit entspannt den Atman, das innere Selbst;
Deshalb ist im Tantra
Yoga Nidra der Schlüssel zu Samadhi.

Swami Satyananda Saraswati

Yoga Nidra hat seine Wurzeln zum Teil im tibetischen *Tantra Yoga* und im Achtstufigen Yoga-Pfad des *Patanjali*. *Yoga Nidra* wird als »schlafloser Schlaf« bezeichnet, weil damit ein Zustand zwischen Schlaf und Wachsein erreicht wird. Während der tiefen körperlichen, seelischen und geistigen Ruhe verlangsamt sich die Gehirnfrequenz auf die Alpha- und teilweise Theta-Ebene. Dabei haben wir Zugang zu tieferen Schichten unseres Bewusstseins, zum Unbewussten. Hier schlummern unsere noch nicht entwickelten Talente und Fähigkeiten, hier liegen aber auch verdrängte Gedanken und Gefühle, schmerzhafte Erfahrungen und seelische Traumas. *Yoga Nidra* ist eine außergewöhnlich wirksame Methode, diese Ebene zu erreichen und gleichzeitig das Erlebte ins Bewusstsein integrieren zu können.

Die Schritte des Yoga Nidra
- Vorbereitung und Einstieg mit Körperübungen, Musik, Atemübungen
- Gedankenstille – *Antar Mouna*
- Tiefenentspannung – *Savasana*
- Energielenkung – *Nyasa*
- Das »Zauberwort« – *Sankalpa*
- Symbole als Vertiefung
- Abschlussformel

Swami Satyananda Saraswati, ein Schüler von Swami Sivananda, hat in seiner Methode des *Yoga Nidra* verschiedene Praktiken zusammengefasst und lehrt sie seither in der Bihar School of Yoga. Andere Quellen, in denen Praktiken des *Yoga Nidra* beschrieben werden und auf die ich mich beziehe, sind die Schriften des englischen Arztes und Yoga-Meisters Dr. Jonn Mumford (Psychosomatischer Yoga) und das Standardwerk *Yoga* des Religionsphilosophen Mircea Eliade.

Durch die Schwerpunkte meiner eigenen Arbeit (Musiktherapie, Analytische Psychologie nach C. G. Jung, Kreative Visualisierung) habe ich die Grundpraxis modifiziert und teilweise erweitert.

Die Wurzeln im Tantrischen Buddhismus

In einer Zeit, als die indische Gesellschaft sich in einem starken Umbruch befand, entstand die dritte und letzte Entwicklungsstufe der Lehre des Buddha, die man Tantrischer Buddhismus oder *Vajrayana* nennt. Auf der einen Seite waren die religiösen Praktiken erstarrt und anstelle eines echten spirituellen Erlebens waren Regeln und festgefügte Ordnungen getreten. Askese und ihre extremen Auswirkungen, wie abgestorbene Arme oder Beine, dienten nicht selten als Attraktionen auf dem Marktplatz. Auf der anderen Seite war der indische Kontinent von den einfallenden türkischen Eroberern bedroht und die bisherige Gesellschaftsordnung, die auf dem Hinduismus basierte, war im Zerfallen begriffen.
Der Tantrische Buddhismus, wie er sich im 8. Jahrhundert nach Christus in Indien ausbreitete, vertrat eine reine und reinigende Spiritualität, die alles Leben umfasste.

Askese war nicht mehr das höchste Ideal. Man versuchte im Gegenteil alle Bereiche des Menschlichen einzubinden in den spirituellen Weg. Die Meister des *Tantra* wurden *Siddhas* genannt. Sie lebten ein einfaches Leben, wandten sich gegen leere Rituale, gegen das Kastenwesen und gegen mystische Spekulationen. Sie lehrten in der Volkssprache und predigten die Freiheit. Bis ins zwölfte Jahrhundert öffnete sich die indische Gesellschaft unter den *Pala*-Königen dieser Lehre, es kam zur Gründung von mehreren Universitäten. Die einfallenden Türken brannten 1199 die Universität von *Vikramashila* nieder und ermordeten die Mönche. So kam es zu einem großen Zustrom indischer Flüchtlinge nach Nepal und Tibet. Von dieser Zeit an führte der Buddhismus in Indien ein Schattendasein, breitete sich aber umso mehr in den anderen asiatischen Ländern aus. Nach ihrer Vertreibung aus Tibet durch die Chinesen brachten tibetische Lamas die unschätzbaren Werte des alten Wissens zurück nach Indien und nach Europa.

Tantra – das Gewebe des Lebens

Gewebe, verwoben, verbunden sein mit allen Manifestationen des Lebens – so wird das Sanskritwort *Tantra* übersetzt. Mit *Tantra* werden auch die entsprechenden Schriften bezeichnet. Der *Tantra-Yoga-Weg* beschreibt eine Entwicklung des Bewusstseins, die nicht durch den Kampf mit der eigenen Natur erreicht wird, sondern vor allem durch ein liebevolles Akzeptieren der eigenen Natur und auch der eigenen Schwächen. Vor allem müssen wir uns der unbewussten Antriebe, Wünsche und Emotionen bewusst werden. Erst dann, so sagt die *Tantra*-Lehre, gelingt es uns, die Wurzeln des Übels auszugraben. Swami Saraswati Satyananda beschreibt *Lord Narayana,* der sich auf einem Ozean von Milch ausruht und *Yoga Nidra* symbolisiert. Er liegt auf einer großen Schlange mit mehreren Köpfen und die schöne *Lakshmi* massiert seine Füße. Aus seinem Nabel entspringt eine Lotosblüte, ein Bild für die Verbindung bewusst/unbewusst (Lotos gründet im dunklen Schlamm und öffnet sich der strahlenden Sonne), in deren Mitte *Brahma* sitzt. Dieses Bild symbolisiert das Hervorbringen unbewusster Inhalte und deren Integration ins Bewusstsein.

Als Einstieg benutzt *Yoga Nidra* eine sehr wirkungsvolle Entspannungstechnik, indem wir uns jeden Teil des Körpers bewusst machen. So gelingt es, in die innere Stille zu kommen und gleichzeitig – wenn es gewünscht wird – sehr aufmerksam zu sein.
Obwohl die Sexualität einen wichtigen Weg zur Entwicklung des universellen Bewusstseins darstellt, ist die Vorstellung, dass es sich bei der *Tantra*-Lehre in erster Linie um rituelle Formen der Sexualität oder magische Praktiken handelt, irreführend. *Tantra-Yoga* als den *Yoga* der Sexualität zu bezeichnen, geht wohl darauf zurück, dass in den *Tantras* (Schriften) psychische Vorgänge am Beispiel der Sexualität mit entsprechenden Analogien und Symbolen beschrieben werden. Die Muttergottheit *Shakti* als Partnerin des Gottes *Shiva* nimmt eine zentrale Stellung im *Tantrismus* ein. Aus ihr entspringt alles Leben, sie verkörpert den ständigen Wandel, das Sterben und Neuwerden. *Shakti* verkörpert die aktive Kraft, im

Sanskrit *Prakriti* genannt, *Shiva* die passive Kraft, *Purusha*. Die
Sonne und ihre Verkörperung, im menschlichen Körper im Sonnengeflecht, ist die *Shakti*-Kraft, der Mond mit seiner Verkörperung im Scheitel die *Shiva*-Kraft (wie in der deutschen Sprache ist
hier die Sonne weiblich und der Mond männlich).

Erst wenn *Shiva* und *Shakti* sich vereinen, kann neues Leben entstehen. Die weiblichen und männlichen Geschlechtsorgane *Yoni*
und *Lingam* symbolisieren diese Kraft. Andere Symbole sind das
nach unten gerichtete Dreieck für die weibliche, das nach oben zei-
gende für die männliche Kraft. Die rituelle Vereinigung zwischen
Shiva und *Shakti* im Geschlechtsakt wird nur in einer Linie des
tantrischen Buddhismus tatsächlich vollzogen. Meist handelt es
sich um Visualisierungsübungen und Atemübungen,
um in dieser innerlich vollzogenen Vereinigung zu
einem harmonischen Ausgleich der Kräfte und auf höhere Bewusstseinsebenen zu gelangen. In der Regel
waren diese Rituale streng geheim und wurden nur in
entsprechenden Schulen weitergegeben.

Shiva und Shakti

Der *Tantrismus* empfiehlt die Hinwendung zur Welt.
Das Durchdringen der Natur, das Akzeptieren der Begierden und Instinkte, die Begegnung mit dem Dunkel
führen zur Erfahrung des Lichts. Eine Erkenntnis, die
unter anderem der große Arzt Paracelsus so formuliert hat: »Gott
hat sein Licht in den Samen und im Stein verborgen. Unsere Aufgabe ist es, dieses Licht aus dem Stein hervorzuholen.« Der
menschliche Körper ist für den *Tantriker* nicht mehr in erster Linie
Quelle von Leid, wie es in anderen buddhistischen Richtungen
postuliert wird, sondern ein wertvolles »Gefährt«. Der Weg zur Befreiung von Leid (*sanskrit: Dukha*) erfordert nicht Weltabgewandtheit und Askese, sondern das Tätigsein in dieser Welt. *Dukha* heißt
übersetzt: den Raum eng machen. Mit Hilfe des *Bogha* (Genuss),
der eine wichtige Rolle im *Tantrismus* spielt, weiten wir den
Raum. Der Genuss als Weg der Befreiung scheint erst einmal be-
fremdlich, wenn man sonst nur die Vorschriften zur Reinhaltung,
Begrenzung und Askese in den spirituellen Traditionen kennt.

Wenn Sie sich allerdings intensiver damit beschäftigen, werden Sie den Sinn verstehen.

Stellen Sie sich vor, Sie werfen einem blühenden Apfelbaum nicht nur einen flüchtigen Blick zu, sondern genießen diesen Anblick eine oder gar mehrere Stunden lang. Sicherlich werden Sie das Wesen des Baums tiefer erfasst haben als beim flüchtigen Betrachten. So führt der Genuss – ob es sich um das Genießen eines guten Essens oder einer liebevollen Berührung handelt – zu größerer Bewusstheit. Wir können die Energie dessen, was wir genießen, genauso wahrnehmen wie unserer eigene. Am Ende sollte der Genuss in der Begegnung mit dem Göttlichen stehen, als vitale sinnliche und glückliche Erfahrung.

Zum *tantrischen* Übungsweg gehören vor allem auf den Anfangsstufen:

- Der Klang, das Wort – gesprochen, gesungen (*Mantra*) oder durch Instrumente wie Klangschalen hervorgerufen
- Die Form – Symbole oder Bilder, die betrachtet werden und in die man sich vertieft (*Yantra*)
- Die Geste oder Gebärde – Kopf-, Finger- oder Körperhaltungen (*Mudra*)
- Das Opfer – Blumen, Räucherwerk, Statuen (*Vajna*)
- Der Atem – Übungen zur Intensivierung und Lenkung des Atems (*Pranayama*)

Je weiter der Übende auf dem *Tantra*-Weg fortschreitet, umso mehr bedient er sich der folgenden Praktiken, aus denen sich auch *Yoga Nidra* ableitet:

- Den Geist auf etwas richten – die Lenkung der Energie im Körper (*Nyasa*)
- Visualisierungsübungen – innere Bilder, die durch Konzentration hervorgerufen werden.

Meistens handelt es sich dabei um die »geistige Projektion« eines inneren *Mandala*- oder *Buddha*-Bildes. Da ein tibetisches *Mandala* in der Regel sehr komplex ist und viele kleine und kleinste Details enthält, ist das für den Meditierenden ein Akt höchster Konzentration. Diese Visualisierung fördert nicht nur die Konzentrationsfähigkeit, sondern auch die Identifikation des Ichs mit dem visualisierten Inhalt. Ziel dieser Übungen ist das Erreichen der Einheit mit allem.

Zu den besonderen *tantrischen* Mitteln gehören neben der Meditation und Visualisierung auch das Rezitieren von *Mantras* und weitere Übungen, zu denen Rituale, Einweihungen und *Guru Yoga* (Einswerden mit dem Geist des erleuchteten Lehrers) gehören. Der tibetische Buddhismus legt dabei besonderen Wert auf direkte Übertragung und Unterweisung von Lehrer zu Schüler. Wichtig ist bei diesen Praktiken eine solide Kenntnis der buddhistischen Lehre als Ausgangsbasis. Ohne ein echtes Verständnis von Mitgefühl und der rechten Ansicht ist es nicht möglich, diese Methoden anzuwenden. Daher sind die ethischen Regeln des edlen Achtfachen Pfades, wie sie von *Buddha* gelehrt wurden, Grundlage des gesamten buddhistischen Weges. Die Motivation, zum Nutzen aller fühlenden Wesen Erleuchtung zu erlangen, ist beständig zu kultivieren.

Die Praxis der Visualisierung findet sich in *Yoga Nidra* in Form der Symbole wieder, die man sich während der Übung so plastisch wie möglich vorstellt. Zu den Symbolen zählen im *Yoga Nidra* auch Körperempfindungen wie Hitze oder Kälte oder *Chakras*. Durch die Vorstellung dieses Bildes wird die entsprechende Energie übertragen und außerdem die Fähigkeit zur Konzentration gestärkt. Körperempfindungen wie Hitze oder Kälte können besser akzeptiert werden, wenn wir im täglichen Leben damit konfrontiert sind. Die Praxis des *Sankalpa,* des Entschlusses, bedient sich ebenfalls dieser Möglichkeit, durch innere Bilder die Realität zu verstärken.

Die Wurzeln im Achtstufigen Pfad des Patanjali

Etwa um Christi Geburt hat ein Gelehrter namens *Patanjali* die Schriften des Yoga systematisiert und in den sogenannten *Yoga Sutras* (*Sutra* heißt wörtlich übersetzt Faden, man könnte auch sagen

Leitfaden) zusammengefasst. Mit den 195 stichwortartigen *Sutras* beginnt die »Klassische Yoga-Tradition«. Jede neue Gruppe oder auch jeder Guru hat diese fragmentarischen Texte aus seiner Sicht kommentiert. Im 2. Buch finden wir die Beschreibung der Acht Stufen des *Yoga*. Die Stufen 4 bis 8 sind bereits in den ältesten *Upanishaden-Texten* enthalten. Die Stufen 1 bis 3 wurden offensichtlich von *Patanjali* neu hinzugefügt.

Die acht Stufen
1. **YAMA** – Einschränkung, Zurückhaltung. In den allgemeinen Verhaltensregeln ist der Umgang mit anderen geregelt, der notwendig ist, um eine Gemeinschaft aufrecht zu erhalten.
2. **NIYAMA** – Enthaltung, regelt den Umgang mit sich selbst in Form von Selbstdisziplin und fördernden Verhaltensweisen.
3. **ASANA** – Körperübungen, die achtsam und in Verbindung mit dem Atem ausgeführt werden und den Körper auf die nachfolgenden Stufen vorbereiten.
4. **PRANAYAMA** – Atemlenkung und Atemkontrolle, mit dem Ziel, den Atem zu verlängern, zu vertiefen und zu rhythmisieren.
5. **PRATYAHARA** – Das Zurückziehen der Sinne (wie eine Schildkröte ihre Glieder einzieht), um die nachfolgende Konzentration vorzubereiten.
6. **DHARANA** – Konzentration auf einen Punkt
7. **DHYANA** – Meditation, in die Tiefe gehen, einsinken in den inneren Seelengrund
8. **SAMADHI** – Erlebnis der Einheit, Erleuchtung.

Pratyahara – Das Zurückziehen der Sinne

Pratyahara bedeutet Zurückziehen der Sinne (*Indriyas)* von den Objekten der materiellen Welt. Symbolisiert wird dies durch die Schildkröte, die all ihre Glieder gleichsam nach innen einziehen kann. Neben den uns bekannten fünf Sinnen gehört hierzu auch der Geist (engl. mind).
Nachdem es auf der vierten Stufe bei der Konzentration auf den Atem um ein Spiel der Energie zwischen Außen und Innen geht,

steht *Pratyahara* für die Wendung der Wahrnehmung nach innen. Wir wenden uns dem eigenen Wesenskern zu, in dem wir die Abhängigkeit von dem, was uns die Sinne von der Außenwelt mitteilen, auf ein Mindestmaß reduzieren. Dazu müssen wir unsere *Indriyas,* übersetzt Fühler, einziehen. Sie sind ständig in Bewegung auf der Suche nach neuer Information und damit nach neuen emotionalen Bewegungen. Das Sehen (eines neuen Pullovers im Schaufenster), das Riechen (von Kaffee) oder das Spüren (der Haut des geliebten Menschen) erweckt Wünsche und Begierden, die bei Nichterfüllung Schmerz auslösen. Auch der Geist schafft seine *Indriyas,* wenn wir an jemanden oder an etwas denken. Nur Menschen mit einem entwickelten Empfindungsvermögen fühlen solche Wünsche, die auf sie gerichtet sind, und können sich ihrem Einfluss entziehen. Der Rückzug der Sinne von der Außenwelt bringt Ruhe und die Möglichkeit, bei sich zu sein. Das Ziel ist eine verfeinerte Wahrnehmung auf allen Ebenen des Seins, eine neue Freiheit zur Entscheidung, was wir in uns »hineinlassen« und was nicht. Am Ende sollten wir lernen, die Fühler vor allem in die Göttliche Welt auszustrecken, um mit ihr zu verschmelzen.

> *»Wenn der Mensch ein inneres Werk vollbringen soll, muss er alle seine Kräfte einziehen gleichsam in einen Winkel seiner Seele und sich vor allen Bildern und Gestalten verbergen, so vermag er dann zu wirken. In ein Vergessen, ein Nichtwissen muss er kommen, Stille und Schweigen muss sein, wo das innere Wort vernommen werden soll.«*
>
> Meister Eckhart

In der *Chandogya Upanishad,* einer der ältesten indischen Weisheitsschriften, findet sich eine Parabel, die zeigen möchte, dass wir uns auf keinen Fall nur auf die Sinne verlassen sollten, sondern der Lebenskraft, die in Form des Atems in uns wirkt, die wichtigste Stellung einräumen sollten.

Die fünf Sinne streiten miteinander, wer von ihnen der beste sei. Sie gingen zu ihrem Vater *Pragapati* und sagten: »Herr, wer ist der beste von uns?« Er antwortete: »Der, bei dessen Verschwinden es dem Körper schlechter als schlecht geht, der ist der beste.«

Die Zunge (Sprache) verschwand, und nachdem sie ein Jahr weggewesen war, kam sie zurück und sagte: »Wie konntet ihr ohne mich leben?« Die anderen antworteten: »Wie ein stummer Mensch, der nicht spricht, aber atmet, sieht, hört und denkt, so lebten wir.« Die Zunge kehrte zurück.

Die Augen (das Sehen) verschwanden und kamen nach einem Jahr zurück und sagten: »Wie konntet ihr ohne uns leben?« Die anderen antworteten: »Wie ein Blinder, der nicht sieht, aber atmet, spricht, hört und denkt. So lebten wir.« Die Augen kehrten zurück.

Die Ohren (das Hören) verschwanden und nach einem Jahr kamen sie zurück und fragten: »Wie konntet ihr leben ohne uns?« Sie antworteten: »Wie ein tauber Mensch, der nicht hört, aber atmet, spricht, sieht und denkt. So lebten wir.« Die Ohren kehrten zurück.

Dann verschwand der Mind (das Denkvermögen). Nach einem Jahr kam er zurück und fragte: »Wie konntet ihr leben ohne mich?« Sie antworteten: »Wie ein Kind, dessen Denkvermögen noch nicht geformt ist, das aber atmet, spricht, sieht und hört. So lebten wir.« Das Denkvermögen kam zurück.

Als der Atem an der Reihe war und die anderen spürten, wie bedrohlich es für sie werden würde, wenn der Atem verschwindet, kamen sie zu ihm und sagten: »Sei du unser Anführer, du bist der beste von uns, zieh dich nicht von uns zurück.«

In der *Katha Upanischad* im dritten Kapitel steht folgende Parabel: Das Selbst des Menschen ist als Herr zu sehen, der in einem Wagen fährt. Der Wagen ist unser Körper, der Verstand der Wagenführer, die Gedanken sind die Zügel. Die Sinne sind die Pferde, und das ständig wechselnde Weideland das Objekt ihrer Begierde. Nur der Geist ist in der Lage, die wilden Pferde zu zügeln, den Wagen in Ordnung zu halten und mit Hilfe der Zügel das Gefährt zu lenken. Diese Geschichte entspricht der Vorstellung des Tantra-Yoga. Würden wir die Sinne und damit die Pferde töten, wie es in vielen fundamentalistischen religiösen Traditionen gefordert wird, kämen wir nicht weiter auf unserem Weg, wir würden stagnieren und stecken bleiben in unseren Vorstellungen vom Ziel.

Die einzelnen Sinne und ihre Bedeutung

Geruchssinn

Der Geruchssinn war beim Urmenschen neben dem Gehörsinn am besten ausgeprägt. Mit seiner Hilfe konnte der Mensch eine Gefahr erkennen, noch bevor der Geschmackssinn einsetzte, denn das umgekehrte Vorgehen hätte etwa bei einer Tollkirsche tödlich ausgehen können. Der Geruchsnerv (Nervus olfactorii) steht als einziger Sinnesnerv direkt mit dem sogenannten Limbischen System in Verbindung, dem Gefühlszentrum im Gehirn. Gerüche können noch nach Jahrzehnten nicht nur Erinnerungen an eine bestimmte Situation wachrufen, sondern auch das damit verbundene Gefühl von damals. Wenn man »jemanden nicht riechen kann«, ist das nur sehr schwer willentlich zu ändern.

ÜBUNG

- Nehmen Sie den Geruchssinn einmal täglich bewusst wahr; zum Beispiel die unterschiedliche Luftqualität morgens im Park oder an einer belebten Straße.
- Benutzen Sie ätherische Öle oder Räucherwerk (sehr sparsam), um den Geruchssinn zu trainieren. Nehmen Sie die gefühlsmäßige Veränderung wahr, die mit veränderten Gerüchen entsteht.
- Beginnen Sie den Tag mit einer Atemübung, wie zum Beispiel der Wechselatmung; sie intensiviert den Geruchssinn, reinigt die Nasengänge und aktiviert die Durchblutung des Gehirns.

Geschmackssinn

Über die Enden der Geschmacksnerven in der Zunge nehmen wir eine Vielfalt von Geschmacksvariationen wahr. Wenn unser Geschmackssinn gut ausgebildet ist, werden wir kaum etwas essen, was uns nicht bekommt. Kinder haben keine Hemmungen, sofort auszuspucken, was ihnen nicht schmeckt. Aber auch die meisten Erwachsenen kosten erst einmal vorsichtig mit der Zunge, bevor sie etwas hinunterschlucken, was sie nicht kennen.

ÜBUNG

- Üben Sie bewusst zu schmecken. Essen Sie öfter mit geschlossenen Augen in völliger Stille und nehmen Sie dabei den Geschmack möglichst vieler Zutaten wahr.
- Legen Sie verschiedene Nahrungsmittel wie Nüsse, Rosinen, Brot, ein Stück Gurke, einen Apfelschnitz und so weiter auf einen Teller. Schließen Sie die Augen und nehmen Sie das erste Stück in den Mund. Kauen Sie es ganz langsam, damit der Geschmackssinn Zeit hat, Details wahrzunehmen. Schlucken Sie das Gekaute erst nach einiger Zeit hinunter und spüren Sie noch ein wenig nach, bevor Sie das nächste probieren.

Tastsinn

Die Haut ist nicht nur unser größtes Organ, sondern auch das Sinnesorgan, mit dem wir die Welt ertasten. Die feinen Enden der sensorischen Nerven vermitteln alles Wissenswerte über die Dinge, die berührt werden, an unser Gehirn: Temperatur, Oberflächenstruktur, Form und so weiter. Am genauesten nehmen wir solche Informationen mit den Fingerspitzen und den Lippen auf. Ertasten braucht Zeit, Hinwendung und Achtsamkeit – der Tastsinn spielt bei den *Asanas* eine wichtige Rolle. Im Idealfall erspüren unsere Füße und Hände die richtige Position. Der Tastsinn ist eng mit dem Fühlen und damit mit den Gefühlen verbunden, er nimmt in unserem Leben einen sehr wichtigen Raum ein, ohne dass wir uns dessen allerdings immer bewusst sind.

Wenn wir nicht mehr mit unseren Händen und unserer Haut spüren, werden wir auch weniger »feinfühlig« sein und damit weniger wahrnehmen, was in uns und anderen vorgeht.

ÜBUNG

- Trainieren Sie den Tastsinn bei jeder möglichen Gelegenheit. Erspüren Sie zum Beispiel ein Kleidungsstück mit geschlossenen Augen, bevor Sie es anziehen. Erspüren Sie die Material-Unterschiede. Achten Sie darauf, wie welches Material auf Sie wirkt, ob es Empfindungen auslöst und, wenn ja, welche.

Spüren Sie die Sonne und den Regen auf Ihrer Haut. Nehmen Sie wahr, wie es sich anfühlt, barfuss auf glattem Steinboden, auf Holz, auf Sand, auf Kies oder auf nasser Erde zu gehen. Sie werden auf diese Weise viel über sich selbst erfahren.

Sehsinn

Dieser Sinn wird in der Regel am häufigsten gebraucht. Dem Sehen wird die größte Bedeutung beigemessen, und die Augen werden von allen Sinnesorganen am meisten strapaziert. Das Sprichwort »Die Augen waren größer als der Magen« macht bereits deutlich, wie sehr unsere Begierden über das Sehen angeregt werden. Nach Auffassung der chinesischen Qi-Gong-Lehre hat diese Überbelastung einen Verlust von »Augen-Qi«, also von Augenenergie zur Folge.

ÜBUNG

- Schließen Sie während des Tages öfter die Augen und richten Sie Ihre Aufmerksamkeit nach innen.
- Richten Sie die Augen abwechselnd in die Nähe und Ferne und betrachten Sie möglichst oft die Natur. Hildegard von Bingen nannte dies, Die »Grünkraft der Natur« aufnehmen.
- Schützen Sie Ihre Augenkraft, indem Sie die Augen nicht herumschweifen lassen, sondern sie achtsam auf das richten, was Sie gerade tun oder wo Sie gerade gehen.

Hörsinn

Der Hörsinn ist der erste Sinn, den der ungeborene Mensch entwickelt. Über die Ohren werden die aufgenommenen Geräusche zum Gehirn geleitet. Auch dieser Sinn ist heute meist durch Lärmüberflutung überlastet. Im Yoga spielt die Stille, das Hören nach innen, eine wichtige Rolle. Erst in der Stille kann das Gehirn die vielen Eindrücke richtig sortieren und sich immer wieder regenerieren.

ÜBUNG

- Achten Sie mindestens einmal am Tag darauf, welche Geräusche Sie wahrnehmen.
- Üben Sie die Achtsamkeit des Hörens, indem Sie Ihrem Gegenüber wirklich zuhören und nicht schon im Geist eine Antwort auf das Gesagte formulieren, während der andere noch spricht.
- Suchen Sie die Stille, schalten Sie öfter einmal alle technischen Geräte aus, die Geräusche verursachen, und lauschen Sie auf die Stille und auf die Stille »hinter« der Stille. Diese Art von Stille können Sie in besonderer Weise in einem tiefen Wald oder einer leeren Kirche erleben.
- Setzen Sie sich aufrecht hin und schließen Sie die Augen. Halten Die mit beiden Handflächen die Ohren zu und legen Sie die Finger hinter die Ohren, die Mittelfinger über die Zeigefinger. Schnalzen Sie dann mehrmals die Mittelfinger von den Zeigefingern herunter und lauschen Sie auf das Geräusch, das dabei entsteht.

Yoni-Mudra

- Nehmen Sie eine bequeme Sitzhaltung ein.

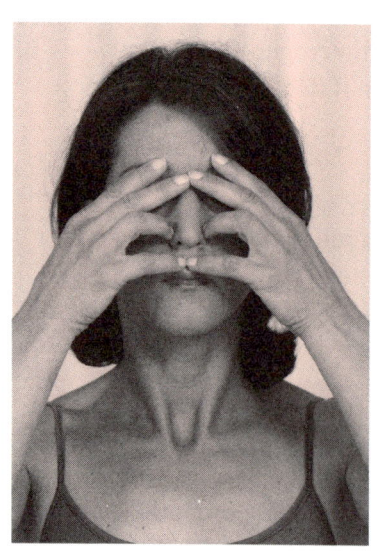

- Schließen Sie mit den beiden Daumen die Ohren und legen Sie die Zeigefinger auf die geschlossenen Augen, die Mittel- oder Ringfinger an die Nasenlöcher und die kleinen Finger an die Unterlippe.
- Atmen Sie ein und halten Sie den Atem an, dabei verschließen Sie mit den Mittel- oder Ringfingern die Nasenlöcher.
- Richten Sie dabei den Rücken ganz gerade auf, heben Sie das Brustbein ein wenig und senken Sie das Kinn aufs Brustbein.
- Halten Sie den Atem an, solange Sie können, es sollte dabei allerdings kein unangenehmes Gefühl entstehen.

- Nehmen Sie die Finger von den Nasenlöchern und atmen Sie aus, die anderen Finger bleiben an ihren Plätzen liegen.
- Wiederholen Sie die Übung mehrmals und versenken Sie sich dabei immer tiefer in sich selbst.

Das Wichtigste in Kürze

- *Yoga Nidra* basiert auf einer Jahrtausende alten Übungspraxis mit dem Ziel, einen tieferen Bewusstseinszustand zwischen Schlafen und Wachen zu erreichen.
- Der *Tantra*-Yoga-Weg beschreibt eine Entwicklung des Bewusstseins, die nicht durch Kampf gegen die eigene Natur erreicht wird. Die Natur- und Instinktebene wird integriert und wird selbst zum Inhalt der Übung. Der Weg zur Befreiung von Leid erfordert nicht Weltabgewandtheit und Askese, sondern das Tätigsein in der Welt.
- *Yoga Nidra* basiert auf Praktiken aus dem tibetischen *Tantrismus* und auf dem Achtstufigen Yoga-Pfad, wie ihn *Patanjali* vor etwa 2000 Jahren aufgeschrieben hat.
- In seiner Grundform wurde *Yoga Nidra* von Saraswati Satyananda entwickelt.
- Die hier vorgestellte Praxis wurde durch eigene Erfahrungen und Übungen erweitert.

Verwandte Übungspraktiken

Yoga Nidra und Hypnose

»Hypnos«, der griechische Gott des Schlafes, hat diesem Zustand der Trance seinen Namen geliehen. Ähnlich wie im *Yoga Nidra* wird mit der Hypnose ein schlafähnlicher Zustand angestrebt, in dem tiefere Bewusstseinsebenen erreicht werden. Trance oder hypnoseartige Zustände waren von jeher das Ziel schamanischer Praktiken. Dieser tiefere und entspanntere Zustand, den man häufig durch pflanzliche Rauschmitteln oder Trommelmusik hervorrief, wurde als äußerst erstrebenswert angesehen und diente in erster

Linie der Heilung. Notwenige Operationen konnten durchgeführt und Geburten erleichtert werden. In diesem hypnotischen Zustand ist die Schmerzempfindlichkeit deutlich reduziert, Blutungen können beeinflusst und angstbesetzte Reaktionen wie Blutdruckkrisen können vermieden werden.

Trance oder hypnotische Zustände wurden auch für kultische Zwecke genutzt. Der Schamane war – durch die Öffnung des Bewusstseins hin zum Kollektiven Unbewussten – in Verbindung nicht nur mit Ahnen und Naturgeistern, sondern auch mit dem Schöpfergott. Hier holte er Rat und wichtige Informationen für die ihm anvertrauten Menschen. Auf meinen vielen Reisen durfte ich diesbezüglich beeindruckende Erfahrungen machen und zum Beispiel erleben, wie auf dieser tiefen und entspannten Bewusstseinsebene Energieübertragungen über die Grenzen eines Kontinents hinaus funktionieren. In unserer Kultur wurde die Hypnose um 1770 von Franz Anton Mesmer wiederentdeckt. Im englischen Sprachraum nennt man den Vorgang des Hypnotisierens deshalb immer noch »mesmerising«. Aber erst im 19. Jahrhundert beschäftigten sich Ärzte und Psychologen wie Charcot und Freud intensiv mit dem Phänomen der Hypnose. Im 20. Jahrhundert schließlich wurde die Hypnotherapie »salonfähig« und sogar von den Krankenkassen bezahlt. Der Berliner Psychiater Johannes Heinrich Schultz stellte 1927 zum ersten Mal seine Methode der Tiefenentspannung vor, die er Autogenes Training nannte. Basis seiner Arbeit war die Hypnoseforschung sowie die Kenntnis östlicher Entspannungs- und Meditationstechniken. Schultz wollte mit dem Autogenen Training eine Technik entwickeln, die unabhängig von Weltanschauung und Kultur anwendbar sein sollte. Das Autogene Training gliedert sich in Unter- und Oberstufe. Die Unterstufe dient zum Herbeiführen eines bewussten Entspannungszustands. In sieben Übungssequenzen werden nacheinander Ruhe, Schwere und Wärme in den Armen und Beinen, eine Beruhigung des Pulses und der Atmung geübt. Darauf folgt die Konzentration auf das Sonnengeflecht und die Beruhigung des dort liegenden sympathischen Nervenzentrums.

Am Ende steht die Konzentration auf eine »kühle Stirn«, sie dient dem Wachbleiben und der Konzentrationskraft. Mit zunehmender Übung wird eine tiefgehende Entspannung hervorgerufen.

In der Oberstufe lernt man tiefere Ebenen zu erreichen, Probleme zu lösen, Selbstheilungskräfte anzuregen und die Selbsterkenntnis zu stärken. Das Autogene Training wird meistens in Gruppen unter Anleitung durchgeführt. Dabei werden Bilder vorgegeben, die dann durch die Kräfte des Unbewussten verändert und reguliert werden können. Das Autogene Training wird häufig im therapeutischen Bereich eingesetzt. Bekannt ist vor allem die Hypnotherapie des amerikanischen Psychiaters und Psychologen Milton H. Erickson, aus der sich weitere psychologische Methoden wie zum Beispiel das NLP (neurolinguistisches Programmieren) entwickelten. Das Leben von Erickson ist selbst ein positives Beispiel für seine Therapieform. Als Kind litt er unter Legasthenie und galt als »zurückgeblieben«. Wie er selbst berichtet, konnte er diese Schwäche überwinden, indem er schwierige Buchstaben in Form von Halluzinationen vor sich sah und sie so richtig erkennen konnte. Kurz nach Abschluss der Highschool erkrankte Erickson 1919 an Kinderlähmung und saß anschließend im Rollstuhl. Durch geduldiges Vorstellen der Muskelaktivität in einem tief entspannten Bewusstseinszustand erreichte er nach knapp einem Jahr, dass die gelähmten Muskeln wieder von Nerven versorgt wurden, und nach ausdauerndem Training konnte er nach einigen Jahren wieder ohne Krücken gehen. Durch die eigene Erfahrung motiviert, entwickelte er einen neuen Ansatz der Hypnose-Therapie. Er stellte den Klienten mit seinem ganz persönlichen Problem in den Mittelpunkt und lehnte jede standardisierte und autoritäre Methode der Hypnose ab. Im Sinne C. G. Jungs betonte Erickson die positive Rolle des Unbewussten, in dem er eine unerschöpfliche Quelle menschlicher Ressourcen vor allem zur Selbstheilung sah. In der Hypnotheraphie sah er eine Möglichkeit, das Bewusstsein zu erweitern. Ihm ist es zu verdanken, dass die Bedeutung der Tiefenentspannung, in der in einem deutlich größeren Maße Alpha- und Theta-Wellen produziert werden, durch viele wissenschaftliche Untersuchungen einer breiteren Öffentlichkeit bewusst gemacht werden konnte. Den umfassenden Veröffentlichungen und den großen Erfolgen, die vor allem im medizinischen Bereich durch die Hypno-Therapie erzielt werden, ist es auch zu verdanken, dass *Yoga Nidra* auf breiter Ebene auf offene Ohren stößt.

In *Yoga Nidra* werden die positiven Aspekte der Hypnose verbunden mit Praktiken aus einer uralten Weisheitslehre, die zu einer ganzheitlichen Entwicklung des Menschen führen.

Erreicht wird dies durch

- Tiefenentspannung mit all ihren positiven Auswirkungen
- längere Perioden, in der das Gehirn Alpha-Wellen produziert, die bewusst selbst ohne Anleitung durch einen Therapeuten herbeigeführt werden können
- die Lenkung von *Prana*-Energie und damit Lebensenergie in die einzelnen Körperteile durch die Praxis des *Nyasa*
- das Erkennen von blockierenden und belastenden Inhalten und das Loslassen und Integrieren dieser Schatten durch die Praxis *Antar Mouna*
- das Verändern negativer Programmierungen durch das *Sankalpa,* den eigenen und selbst formulierten Entschluss
- die seelisch-geistige Entwicklung durch Aktivierung der feinstofflichen Energiezentren (Chakras).

Biofeedback und Yoga Nidra

Vor einigen Jahrzehnten entwickelte sich aus psychosomatischer Forschung und Verhaltenstherapie die Biofeedback-Methode (Methode der »Bio-Rückmeldung«). Dabei werden hochspezialisierte Computer eingesetzt, um Zustände zu verändern, die zunächst unserer eigenen Wahrnehmung nicht zugänglich und damit auch nicht steuerbar sind. Nehmen wir an, Sie leiden unter Stress-Symptomen wie Migräne und/oder Dauerschmerzen. Eine Behandlung könnte so aussehen, dass Sie »verkabelt« vor dem Computer-Bildschirm sitzen, der Ihren Pulsschlag oder Ihre Gehirnfrequenz in Form von einer Grafik, Farben und Tönen sichtbar macht. Sie können selbst den Stresspegel und damit das Maß der inneren Erregung erkennen, das Ihnen die Probleme verursacht. Jetzt werden Sie aufgefordert, zum Beispiel tief in den Bauch zu atmen, Ihre Aufmerksamkeit auf Ruhe und Entspannung zu lenken. Dazu hören Sie entspannende Musik oder Sie sehen entspannende Bilder. Sie können auf dem Bildschirm sehen, wie sich durch die vertiefte verlangsamte Bauchatmung auch der Puls verlangsamt oder sich andere Messwerte wie Hauttemperatur oder Sauerstoffgehalt des Blutes verbessern.

Diese Methode hat sich inzwischen in vielen Ländern etabliert und es gibt zahlreiche Forschungsprojekte, die sich damit beschäftigen. Die aufsehenerregenden Tests, die mit buddhistischen Mönchen aus der Umgebung des Dalai Lamas durchgeführt wurden, haben längst gezeigt, dass diese Beeinflussung sogenannter autonomer Prozesse im Organismus wie Herzschlag, Blutdruck, Darmaktivität etc. in der östlichen Kultur seit Jahrtausenden praktiziert wird.

Auch die Erkenntnisse der Biofeedback-Forschung kommen der Verbreitung von *Yoga Nidra* zugute. Mit dieser Methode für den westlichen Menschen wurde ein einfacher Weg gefunden, die Wahrnehmung und Beeinflussung körperlicher Funktionen, die im Allgemeinen als nicht beeinflussbar galten, zu erreichen. *Yoga Nidra* bezieht darüber hinaus Gefühle und Gedanken in diesen Rückmelde-Mechanismus mit ein. Das Wiederholen des entsprechenden *Sankalpa* auf der tiefen und entspannten Bewusstseinsebene ist der Schlüssel dafür. Ähnlich wie im körperlichen können auch im seelischen Bereich automatisch ablaufende Muster verändert und alte Prägungen aufgelöst und durch neue Entwicklungsschritte ersetzt werden.

Vorbereitung

-  *Asana* – Körperübungen
- *Pranayama* – Atemübungen als Brücke
- Musik – Einschwingen auf die innere Reise

Asana – Körperübungen

Das Sanskritwort *Asana* bedeutet ursprünglich »fester stabiler Sitz«. Mit diesem Begriff bezeichnet man aber alle Körperhaltungen im *Yoga*. Im Achtstufigen Pfad des *Patanjali* stehen sie an dritter Stelle und dienen zusammen mit den Atemübungen und den Übungen zum Zurückziehen der Sinne der Vorbereitung auf Konzentration und Meditation.

Nehmen Sie sich so oft wie möglich Zeit für die nachfolgenden Übungen, die Sie auf *Yoga Nidra* einstimmen. Wenn Sie nur wenig Zeit zur Verfügung haben, wählen Sie wenigstens eine oder zwei Übungen. Lesen Sie zuerst die Beschreibung und betrachten Sie die Bilder. Stellen Sie sich vor, wie Sie selbst die Übung ausführen. Mit diesem inneren Bild gehen Sie in die Übung, Ihre Gedanken sind ganz auf das Körpererleben gerichtet. Lenken Sie die Aufmerksamkeit in jeder der drei Übungsphasen auf Ihre Körperwahrnehmung:

1. **PHASE:** die Übung einnehmen
2. **PHASE:** in der Übung verharren und dabei tief und gleichmäßig atmen
3. **PHASE:** die Haltung auflösen und nachspüren.

Vorbereitung auf die Übungen

Wenn es möglich ist, sollten Sie in Ihrer Wohnung einen festen Platz für die Übungen reservieren. Als Unterlage dient eine Yoga-Matte oder eine Decke (nicht zu weich). Die Kleidung sollte bequem sein; enge Gürtel, Schmuck und Brille möglichst ablegen.

Führen Sie grundsätzlich jede Übung zu beiden Seiten durch. Sie können Ihre Wahrnehmung erhöhen, wenn Sie zwischen dem Seitenwechsel kurz nachspüren, so dass Sie vergleichen können, wie sich die Übung nach links und rechts anfühlt.

Es empfiehlt sich, mindestens 3 bis 5 Atemzüge in einer Übung zu bleiben, um sie richtig spüren zu können. Dann sollte die Zeitspanne nach und nach erhöht werden. Am Anfang bewährt es sich, die Atemzüge zu zählen – so wissen Sie, ob Sie auf jeder Seite gleich lange geübt haben.

Üben Sie langsam und sorgfältig, spüren Sie die eigenen Grenzen, ertasten Sie diese Grenze mit dem Atem. Lassen Sie mit dem Ausatmen los. Je achtsamer Sie in der Übung sind, umso leichter werden Sie loslassen können. Der Atem ist bei den Übungen Ihr Verbündeter. Mit seiner Hilfe können Sie sich immer wieder auf die Übung konzentrieren und Spannungen loslassen.

So bereiten Sie sich optimal auf die nachfolgende Praxis des *Nyasa* vor, bei der Sie lernen werden, die *Prana*-Energie gezielt in die einzelnen Körperteile zu lenken. Spüren Sie in der Ruhe nach, bevor Sie zur nächsten Übung gehen.

Jede *Asana* ist mit einer ganz bestimmten Qualität verbunden, die mit Hilfe dieser Übung erlangt oder vertieft werden kann. Die Bezeichnungen wie Berg, Baum, Krokodil etc. geben einen Hinweis darauf, welche eigene Erfahrung mit dieser *Asana* verstärkt werden soll. Der entwickelte Mensch hat alle naturhaften Anteile in sich integriert und mit dem Geist verbunden. Wir finden diese Idee wieder bei der Beschreibung der *Chakras* (Abschnitt »Chakras – Kraftzentren des Lebens«, Seite 124). Die Stabilität eines Berges ist ebenso wichtig wie die Festigkeit und Beweglichkeit des Baumes oder die Tapferkeit des Kriegers.

Auch wenn Sie bisher noch nicht mit Yoga vertraut sind, empfehle ich Ihnen die nachfolgenden Übungen unter diesem Gesichtspunkt durchzuführen. Schon nach kurzer Zeit werden Sie die wohltuende Wirkung der Übungen auf körperlicher und emotionaler Ebene spüren. Sie werden sich entspannter, ausgeglichener und kraftvoller fühlen.

In besonderer Weise eignen sich die *Asanas,* um Ihr *Sankalpa,* Ihren Entschluss für einen neuen Lebensschritt, zu festigen.

Wählen Sie in diesem Fall diejenige Übung aus, die am besten zu Ihrem *Sankalpa* passt. Wollen Sie mutiger werden, üben Sie bevorzugt die Heldenstellung. Wenn Ihr *Sankalpa* das Loslassen beinhaltet, wählen Sie die Vorwärtsbeuge. Zu Ihrer Orientierung finden Sie nach der Bezeichnung der Übung die Qualität, die sie besonders auszeichnet.

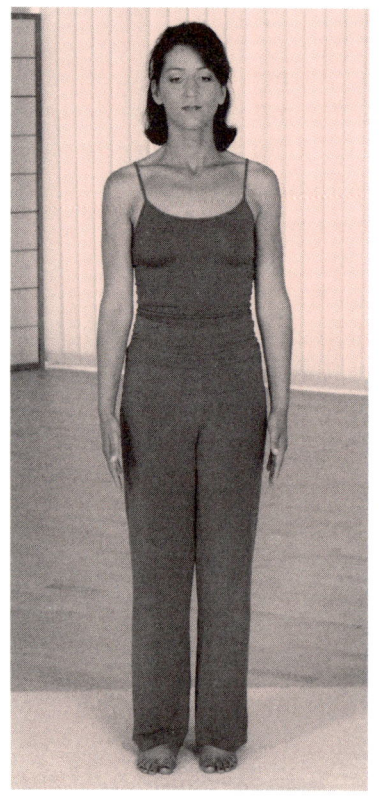

1. DER BERG (TADASANA) – festigt den gefassten Entschluss

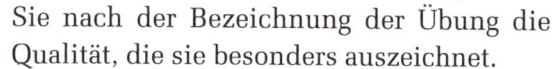 Stellen Sie sich aufrecht hin, die Füße parallel.

 »Verwurzeln« Sie sich im Boden, die Wirbelsäule ist gerade aufgerichtet, die Beine sind gerade, die Knie nicht nach hinten durchgedrückt.

⚙ Die Arme hängen locker seitlich, die Hände sind gestreckt, die Finger liegen nebeneinander, die Daumen etwas abgespreizt.

⚙ Der Kopf ist gerade aufgerichtet und »thront« auf der Wirbelsäule, der Blick ist nach vorne gerichtet, das Gesicht entspannt.

⚙ Halten Sie diese Stellung 5 bis 10 Atemzüge lang und lösen Sie dann die Übung auf.

2. HALTUNG DES KRIEGERS ODER TAPFERKEITS-HALTUNG (VIRABHADRASANA) – verstärkt Mut und Tapferkeit

- Gehen Sie in eine weite Grätsche und stellen Sie den rechten Fuß im 90-Grad Winkel nach außen, den linken Fuß nur leicht nach innen drehen (Belastung auf der Außenkante des Fußes).
- Drehen Sie den Oberkörper zum rechten Bein und beugen Sie dieses Bein im Knie, der hintere Fuß bleibt ganz am Boden.
- Legen Sie die Handflächen vor dem Brustbein aneinander und heben Sie mit der Ausatmung die Arme nach oben über den Kopf.
- Beugen Sie den Rumpf zurück und schauen Sie zu den Händen nach oben, der Rücken bleibt gerade. Um ein Hohlkreuz zu vermeiden, spannen Sie die Beckenbodenmuskeln an.
- Bleiben Sie einige tiefe Atemzüge in dieser Haltung, senken Sie ausatmend die Arme und kommen Sie in die Ausgangsstellung zurück.
- Spüren Sie nach, bevor Sie die Seite wechseln.

3. VORWÄRTSBEUGE (UTTANASANA) – unterstützt das Loslassen

- Stehen Sie aufrecht, die Knie sind nicht nach hinten durchgestreckt.
- Heben Sie einatmend die Arme nach oben, die Handflächen schauen zueinander, der Nacken ist lang gedehnt, die Schultern sind nicht angespannt.
- Beugen Sie sich aus dem Hüftgelenk mit geradem Rücken nach unten, die Arme bleiben neben den Ohren.

- Kommen Sie so weit wie möglich mit gestrecktem, geradem Rücken nach unten, bis die Finger oder Handflächen den Boden berühren. Sollte es Ihnen schwer fallen, winkeln Sie die Beine an, so dass Sie die Hände bzw. die Finger seitlich neben den Füßen auf den Boden aufstellen können. Auf keinen Fall sollten Sie den Rücken runden, um weiter nach unten zu kommen. Anfangs können Sie die Hände auf einem Bänkchen oder einem Block vor sich abstützen.
- Bleiben Sie einige Atemzüge in dieser Haltung, winkeln Sie die Beine an und kommen Sie einatmend mit geradem Rücken wieder nach oben.

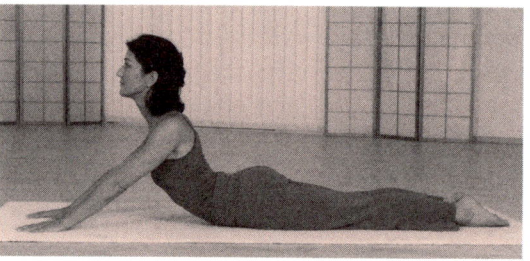

4. DIE KOBRA (BHUJANGASANA)

– entwickelt Einsicht und Intuition
- Legen Sie sich mit gestreckten und geschlossenen Beinen auf den Bauch; die Hände liegen neben und etwas oberhalb des Kopfes, die Ellbogen zeigen jetzt etwas nach außen.
- Drücken Sie das Schambein fest zum Boden und spannen Sie die Gesäßmuskulatur an. Heben Sie mit dem Einatmen Kopf und Oberkörper und bringen Sie die Ellbogen eng an den Körper heran.
- Heben Sie den Oberkörper so weit, bis die Arme ganz gestreckt sind, drücken Sie sich dabei von den Handflächen weg kräftig nach oben. Heben Sie das Brustbein und richten Sie den Blick nach vorne und leicht nach oben.
- Aktivieren Sie Ihren Beckenboden und vermeiden Sie bei dieser Übung ins Hohlkreuz zu gehen.
- Halten Sie diese Stellung mehrere Atemzüge lang, bevor Sie den Oberkörper mit dem Ausatmen ablegen und nachspüren.
- Als Entspannungshaltung eignet sich die Haltung des Kindes (siehe Seite 55).

5. DER BÄR – weckt Lebensfreude

 Legen Sie sich auf den Rü-
cken und strecken Sie Arme
und Beine locker zur Decke.

 Schütteln Sie Arme und
Beine kräftig aus, lockern
Sie dabei den ganzen Kör-
per.

**6. DIE HEUSCHRECKE (SALABHA-
SANA)** – stärkt Lebenskraft
und Selbstbewusstsein

 Legen Sie sich auf den
Bauch, Stirn oder Kinn liegt
auf dem Boden (zur Erleichterung kann ein kleines Kissen oder eine zusammenge-
faltete Decke unter den
Bauch geschoben werden).

 Legen Sie die Hände mit
den Handflächen nach oben

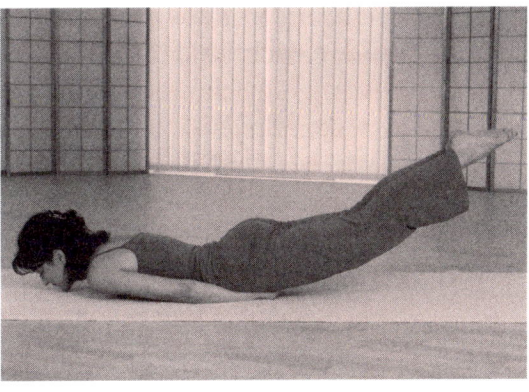

(oder die Fäuste) unter die gestreckten Beine, die Ellenbogen
sind nahe beieinander.

 Heben Sie einatmend das rechte Bein aus der Hüfte heraus nach
oben, Kinn und Schultern bleiben auf dem Boden, lassen Sie
dabei den Atem fließen.

 Legen Sie ausatmend das Bein wieder ab und heben Sie das an-
dere Bein.

 Heben Sie beide Beine, halten Sie die Spannung ein paar Atem-
züge lang und legen Sie die Beine mit dem Ausatmen wieder ab.

 Spüren Sie nach, indem Sie in Bauchlage ein Bein seitlich an-
ziehen.

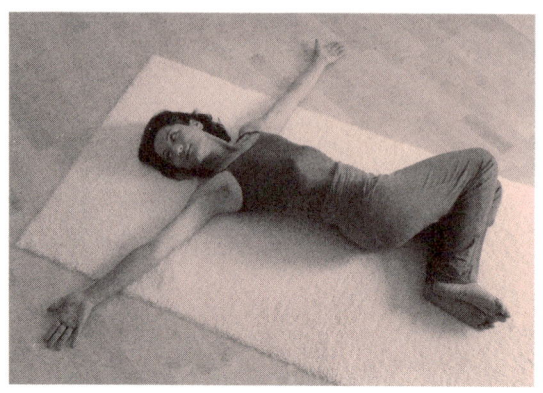

7. DAS KROKODIL (NAKRASANA)
– bringt Flexibilität

- Legen Sie sich auf den Rücken, stellen Sie beide Beine auf, die Füße und Knie bleiben dabei geschlossen.
- Breiten Sie die Arme aus, die Handflächen zeigen nach oben.
- Drehen Sie mit dem Ausatmen den Kopf nach rechts und lassen Sie gleichzeitig beide Knie nach links fallen (Füße und Knie bleiben dabei zusammen), die Schultern bleiben am Boden.
- Atmen Sie 3 bis 5 Atemzüge ruhig weiter und stellen Sie sich vor, wie der Atem in die Wirbelsäule hineinfließt.
- Kommen Sie einatmend zur Mitte zurück und drehen Sie sich ausatmend zur anderen Seite.

Sie können diese Übung auch dynamisch durchführen, d. h. in einer fließenden Bewegung einige Male zu beiden Seiten kommen.

8. DAS KAMEL (USTRASANA) –
stärkt das Durchhaltevermögen

- Gehen Sie in den Kniestand, die Knie leicht geöffnet, spannen Sie die Beinmuskeln an und ziehen Sie die Kniescheiben nach oben.
- Beugen Sie sich ausatmend langsam nach hinten und schieben Sie zugleich das Becken nach vorne, der Rücken bleibt dabei fest und gerade. Sie können anfangs die Zehenspitzen aufstellen, das erleichtert die Übung.

☞ Kommen Sie abwechselnd mit der rechten und der linken Hand zu den Fersen.

☞ Stützen Sie beide Hände auf den Fersen ab, wölben Sie den Körper nach vorne und atmen Sie tief und gleichmäßig. Der Kopf bleibt in Verlängerung der Wirbelsäule oder kann etwas nach unten kommen.

☞ Um das Zurückkommen zu erleichtern, können Sie sich zuerst auf die Fersen setzen und dann aufrichten.

9. HALTUNG DES KINDES

(GARBHASANA) – lässt Vertrauen wachsen

☞ Setzen Sie sich in den Fersensitz (Fußspitzen sind zusammen, Fersen fallen leicht auseinander).

☞ Kommen Sie dann mit der Stirn langsam zum Boden, die Arme liegen nach hinten gestreckt neben dem Körper, die Handrücken zeigen zur Erde. (Sie können auch die Fäuste unter die Stirn legen oder ein Kissen zwischen Ober- und Unterschenkel, um die Übung angenehmer zu gestalten.)

☞ Atmen Sie dabei tief und regelmäßig und versuchen Sie, den Atem im ganzen Becken- und Bauchraum zu spüren.

☞ Richten Sie sich mit dem Einatmen mit geradem Rücken auf und spüren Sie nach.

10. HUND **(SVANASANA)** – entwickelt Achtsamkeit und Wachsamkeit

☞ Knien Sie auf dem Boden im Vierfüßlerstand, stellen Sie die Hände in schräger Linie vor den Schultern an.

☞ Stellen Sie die Zehen auf und heben Sie, unterstützt von kräftigem Druck von Handballen und gestreckten Armen, das Gesäß nach oben. Strecken Sie die Beine durch, die Fersen sollten so

nahe wie möglich zum Boden kommen (evtl. Rolle unter die Fersen legen).

🔅 Heben Sie Ihre Sitzbeinhöcker Richtung Decke und drücken Sie den Oberkörper so weit wie möglich Richtung Oberschenkel.

🔅 Bleiben Sie mehrere Atemzüge in dieser Stellung und kommen Sie ausatmend zurück in den Vierfüßlerstand. Nehmen Sie die Haltung des Kindes ein und spüren Sie nach.

11. ANJALI-MUDRA – stellt Verbindung zum höheren Selbst her

🔅 Stellen oder setzen Sie sich aufrecht hin, der Nacken ist lang gedehnt, der Blick leicht nach unten gerichtet.

🔅 Falten Sie Ihre Hände in Gebetshaltung vor Ihrem Herzen und atmen Sie einige Minuten lang tief und gleichmäßig.

12. HALBER LOTOSSITZ (ARDHAPADMASANA) – bringt Erdung und gleichzeitig Öffnung nach oben

🔅 Setzen Sie sich mit gestreckten Beinen auf den Boden (auf ein Kissen oder eine zusammengefaltete Decke), das Becken sollte etwas höher sein als die Füße.

🔅 Grätschen Sie die Beine und ziehen Sie zuerst den einen, dann den anderen Fuß zum Körper heran, die Fußsohlen werden nach oben gedreht. Legen Sie einen Fuß auf die Oberseite des anderen Oberschenkels; beide Knie sollten dabei den Boden berühren. Wenn das nicht möglich ist, legen Sie unter jedes Knie ein Kissen, eine Decke oder Ähnliches.

- Sollte Ihnen diese Haltung unangenehm sein, können Sie beide Füße voreinander auf den Boden legen.
- Richten Sie sich vom Becken bis zum Kopf gerade auf, ziehen Sie die Schultern weg von den Ohren und lassen Sie die Schultern in Ihrer Vorstellung nach hinten und unten kommen.
- Lassen Sie Ihr Gesicht weich werden (inneres Lächeln).
- Handhaltung ist *Jnana-Mudra* (Hände nach oben, Zeigefinger werden gebeugt, Daumen liegen auf Zeigefingernägeln, die anderen Finger sind gestreckt).

Sollte Ihnen diese Sitzhaltung schwer fallen, wählen Sie eine andere: den Schneider- oder Reitersitz, nehmen Sie ein Bänkchen oder setzen Sie sich auf einen Stuhl. Sie werden auch so die positive Erfahrung der Stille erleben.

Das Wichtigste in Kürze

- Mit *Asana* bezeichnet man die Körperübungen des Yoga.
- *Asanas* eignen sich besonders gut zur Einstimmung auf *Yoga Nidra*
- Das Lösen von körperlichen Blockaden und Verspannungen öffnet den Körper für eine vertiefte Atmung.
- Dadurch wird die Verbindung zu den Ebenen des Unbewussten erleichtert.
- *Asanas* bereiten in optimaler Weise auf die Praxis des *Nyasa* vor (Energielenkung in die einzelnen Körperteile)
- Die Körperübungen können gezielt eingesetzt werden, um das *Sankalpa,* den gewählten Entschluss, zu vertiefen und seine Verwirklichung zu unterstützen.
- Üben Sie so oft wie möglich in der vorgeschlagenen Reihenfolge, wählen Sie ansonsten vor allem die Übung, die zu Ihrem *Sankalpa* am besten passt.

Musik – Einschwingen auf die innere Reise

Musik eignet sich in vielfältiger Weise zur Unterstützung der Tiefenentspannung und damit als Einstieg in *Yoga Nidra*. Musik besitzt eine biophysische Schwingung, die sich auf den Körper überträgt und mit deren Hilfe zum Beispiel das Herz-Kreislauf-System und andere vegetative Funktionen beruhigt werden können. Eine besonders positive Wirkung scheint die Musik auf das Immunsystem zu haben. Krankheit – so sagt die Psychoneuroimmunologie – ist ein Verlust an Harmonie. Meist geht ein Verlust des für Körper und Seele so wichtigen eigenen Rhythmus voraus. Wir haben viele rhythmische Vorgänge in unserem Körper, die zur Aufrechterhaltung der Gesundheit dienen: Schlaf- und Wachrhythmus, Ein- und Ausatmung, An- und Entspannung der Muskeln, der rhythmische Herzschlag oder die Aktivitäten des Gehirns. Auch Magen, Darm und Niere arbeiten rhythmisch genau wie die Haut, die sich in einem gewissen Rhythmus erneuert. Rhythmus ist auch die Basis der Musik und vermittelt dem Hörer Stimulation oder Entspannung, Sicherheit oder Lebendigkeit. Die Rhythmen der Wiegenlieder gleichen sich auf der ganzen Welt. Sie sind angelehnt an den Rhythmus des Herzschlags, den das Kind schon im Bauch der Mutter hört (der Hörsinn entwickelt sich beim Embryo zuerst). Der Rhythmus solcher Lieder eignet sich in besonderer Weise, dem Menschen ein sicheres und geborgenes Gefühl zu geben. Don Campbell beschreibt in seinem Buch »Der Mozart-Effekt« die besondere Wirkung von Mozart-Musik auf unser Immunsystem und damit auf unsere Gesundheit. Nehmen Sie sich also Zeit, regelmäßig Musik zu hören, die Sie in Harmonie bringt, Sie aufbaut, beruhigt oder auch anregt, wenn Sie erschöpft sind. Besonders wohltuend und harmonisierend sind indische *Mantras*. Nehmen Sie sich Zeit, eine geeignete CD mit heilenden *Mantras* für sich zu finden, die Sie in einen Entspannungszustand versetzt.

> *Nun aber doch das eigentlich Wunderbarste: die ungeheure Gewalt der Musik auf mich in diesen Tagen. … Nun fällt die Himmlische auf einmal über dich her, durch Vermittlung großer Talente, und übt ihre ganze Gewalt über dich aus, tritt in alle ihre Rechte und weckt die Gesamtheit eingeschlummerter Erinnerungen.*
>
> *Goethe an Zelter*

Die Psychoneuroimmunologie, eine relativ junge Medizinwissenschaft, beschäftigt sich mit den Zusammenhängen zwischen Psyche, Immun-, Nerven- und Hormonsystem. Sie erklärt die heilsame
Wirkung der Musik unter anderem neben der positiven Wirkung
auf die Körperrhythmen mit der Ausscheidung von Endorphinen
(körpereigenen Opiaten), die beispielsweise für die inzwischen un-
umstrittene Theorie der Schmerzreduzierung durch Musik sorgen.
Dies gilt besonders für Musik, die nicht zu laut und langsamer als
der Herzschlag ist (unter 68 Schläge pro Minute). Heilsame Musik
dieser Art sollte einen großen Anteil von konsonanten Klängen
haben, die wir als harmonisch empfinden, sowie viele verschiedene Klangfarben (die durch die vielfältige Orchestrierung entsteht). Es wirkt immer das ganze Musikstück, nie nur ein einzelnes
Element, also zum Beispiel der Rhythmus.
Mit Hilfe der Musik können wir unsere Gehirnfrequenz verändern
und auf einfache Weise die Alpha-Ebene erreichen. Musik wirkt
auf das Gefühlsleben, kann Stimmungen beeinflussen und Emotionen beruhigen. Außerdem unterstützt Musik die Wirkung des *Sankalpa*. Schon die Tatsache, dass unser Hörsinn die erste, früheste
entwickelte Sinnestätigkeit ist, zeigt die Wichtigkeit des Hörens.
Als einziger ist dieser Sinn direkt mit dem Limbischen System,
dem Gefühlszentrum im Gehirn, verbunden. So kann mit Hilfe bestimmter Musik emotionale Sicherheit vermittelt werden und
damit die Bereitschaft zum Loslassen und zur Tiefenentspannung
verbessert werden. Zwei spezifische Musikrichtungen scheinen
die Entspannung des Gehirns besonders zu fördern: Instrumental-
musik aus dem Barock, Werke von Bach, Händel, Vivaldi, Pachelbel, und die Musik der Klassik: Mozart, Haydn, Gluck sowie frühe
Musik von Beethoven. Auch bestimmte, sogenannte »New-Age-
Musik« eignet sich dafür, allerdings sollte es Musik sein, die auf
Originalinstrumenten gespielt wird, um das volle Spektrum der
Obertöne nutzen zu können.
Der Einstieg in die *Yoga Nidra*-Übung mit Musik bietet sich auch
deshalb an, weil Musik selbst das Bewusstsein verändert. Den Ein-
satz von Musik für Meditation, religiöse Rituale oder das Erreichen

von Trance-Zuständen kennen wir aus allen Kulturen und allen Zeiten. Abraham Maslow bezeichnet die damit verbundenen Erlebnisse als »peak-experience«, als Gipfel-Erfahrungen. Abschließend möchte ich das Musik-Kapitel mit einem Zitat aus dem Buch »Der Klang der Superstrings«:

»Winzige Fädchen, hauchdünne Schnüre aus purer Energie, in sich geschlossen, zu Schlaufen gebunden, drehen und winden sie sich durch Zeit und Raum. Wie Violinsaiten schwingen und vibrieren sie und intonieren ein mikrokosmisches Quantenkonzert, dessen Klänge zu Materie werden.« Vielleicht liegt es daran, dass es der Musik auf so einfache Weise gelingt, uns mit einer göttlichen Sphäre zu verbinden, uns schweben zu lassen und unsere engen Ego-Grenzen aufzulösen.

Nachfolgend einige Musikempfehlungen aus dem Klassik-Bereich, die sich als Einstieg in *Yoga Nidra* eignen:

Zum akuten Stressabbau

Bei einem sehr hohen psychovegetativen Erregungs- und Spannungsniveau, also im akuten Stresszustand, sollten Sie Musik hören, die in gewisser Weise diesen Zustand widerspiegelt. Ruhige Entspannungsmusik könnte Sie jetzt noch nervöser und Ihre innere Anspannung noch deutlicher machen. Wählen Sie in diesem Fall Musik, die Sie in Bewegung bringt, Sie zum Mitsingen oder Mitsummen animiert.

- Wolfgang Amadeus Mozart, Klaviersonate A-dur KV 331
- Alla turca, Allegretto
- Arcangelo Corelli, Concerto grosso Nr. 6, D-dur, op 6, Adagio-Allegro
- Georg Friedrich Händel, Wassermusik Suite Nr. 1, F-dur, Air

Wenn Sie sich entspannen und Stress vorbeugen möchten

- Pachelbel, Canon D-dur
- Gregorianische Choräle
- Musik von Hildegard von Bingen

- Ludwig van Beethoven, Sonate op 27, Adagio sostenuto
- Joaquin Rodrigo, Concierto de Aranjuez, 2. Satz
- Frederic Chopin, Klavierkonzert Nr. 2, Larghetto
- Wolfgang Amadeus Mozart, Hornkonzert Nr. 3, Es-Dur KV 447, Larghetto
- Ludwig van Beethoven, Romanze für Violine Nr. 2, F-Dur, op 50

Das Wichtigste in Kürze

- Musik besitzt eine biophysische Schwingung, die sich auf den Körper überträgt und zum Beispiel Herz- und Kreislauffunktion anregt oder die Darmaktivität aktiviert oder beruhigt.
- Musik wirkt auf das Gefühlsleben, bringt gefühlsbetonte Erinnerungen hervor.
- Musik wirkt auf das Unbewusste, kann verdrängte Inhalte des Unbewussten ins Bewusstsein rufen.
- Musik öffnet den Menschen für transpersonale, für spirituelle Erfahrungen und bringt ein Erleben von Einheit.
- Musik eignet sich besonders gut als Einstieg in Yoga Nidra, da sie vorhandenen Stress und Anspannung abbaut und die Barrieren zwischen dem Bewusstsein und dem Unbewussten öffnet.

Pranayama – Atemübungen als Brücke

Atemübungen eignen sich besonders gut als Vorbereitung auf *Yoga Nidra.* Auch in der nachfolgenden *Nyasa*-Praxis, bei der der Geist gezielt in die einzelnen Körperteile gelenkt wird, ist der Atem das »Fahrzeug« für den Geist.

Die Atemübungen des Yoga, die als *Pranayama* bezeichnet werden, basieren auf Lenkung und Kontrolle des Atems. Im Achtstufigen Pfad des *Patanjali* stellen sie den vierten Schritt nach den Körperübungen dar. Mit *Prana* wird die alles Leben durchfließende Kraft des Bewusstseins, der belebten und unbelebten Welt bezeichnet. *Yama* wird übersetzt mit Kontrolle, Bewegung oder auch Ausstrecken, Verlängern oder Aufsteigen. Zusammengefasst bedeutet *Pranayama,* sich aktiv (Kontrolle, Lenkung) von der ureigenen göttlichen Energie des Universums zu ernähren, welche den Körper/Geist über den Atemfluss *Prana* zuführt. Der Atem stellt die Brücke, die Verbindung zwischen der Außen- und Innenwelt her. Er bewegt sich ständig von außen nach innen. Durch die Vertiefung des Atems vertiefen wir auch das eigene Körpererleben. Denken Sie daran, wie sich Ihre Atmung verändert, wenn Sie aufgeregt sind, wenn Sie weinen oder lachen. Vor Schreck stockt sogar der Atem und Eile macht atemlos. Wut und Ärger lassen den Atem wut-schnaubend werden. Verdrängte Gefühle führen zu einem fast kaum wahrnehmbaren Atem und machen sich ab und zu durch einen Seufzer Luft. Der ruhiger werdende Atem lässt auch unsere Emotionen zur Ruhe kommen. Sind die Emotionen beruhigt, können wir uns entspannen und uns auf die nächsten Schritte von *Yoga Nidra* vorbereiten. Auf körperlicher Ebene werden Sie schon nach kurzer Zeit des bewussten Atemerlebens eine Verbesserung Ihrer gesamten körperlichen, seelischen und mentalen Verfassung erleben.

Pranayama-Übungen bestehen aus drei bzw. vier Phasen:
- Einatmung
- Halten des Atems mit voller Lunge
- Ausatmung
- kurze Atempause

Beim Einatmen füllen wir uns mit der wertvollen *Prana*-Energie, die wir während der Atempause im Körper konzentrieren und verdichten. Alle Zellen können sich mit *Prana*-Energie anreichern. Die Atempausen sind ein wesentlicher Bestandteil von *Pranayama*. Sie heißen in der Sanskrit-Sprache »*kumbhaka*« von *kumbha* = Krug, Gefäß. Das Bild des Kruges zeigt, dass man ihn füllen und leeren kann. Als Gefäß dient es dazu, gefüllt zu werden. Sollten Sie unter hohem Blutdruck leiden, vermeiden Sie ein Anhalten des Atems oder bleiben Sie nur ganz kurz in der Atempause. Mit dem Ausatmen lassen wir nicht nur verbrauchte Energie los, wir lassen auch auf emotionaler Ebene los. Im Zustand der Atemleere erleben wir vollkommene Stille.

Durch tieferes und längeres Einatmen erfolgt Anregung, durch tieferes und längeres Ausatmen Entspannung des gesamten Organismus. Als Vorbereitung auf *Yoga Nidra* sollte deshalb die Ausatmung doppelt so lang sein wie die Einatmung.

ÜBUNG

- Stellen Sie sich aufrecht hin, die Arme sind neben dem Körper, heben Sie einatmend die Arme über den Kopf und beobachten Sie dabei Ihr Gefühl. Mit dem Ausatmen kommen Sie wieder nach unten.
- Wiederholen Sie diese Bewegung etwa zehnmal und vertiefen Sie jeweils Ihre Gefühlsempfindung dabei. Spüren Sie, wie beim Einatmen sich mit dem Weiten des Brustkorbs auch Ihr Gefühl öffnet und weitet, mit dem Ausatmen kommen Sie wieder zurück und lassen dieses Gefühl ganz bewusst los.
- Legen Sie sich bequem auf dem Rücken und legen Sie ein möglichst dickes Buch auf den Bauch. Atmen Sie etwa zehnmal hintereinander tief ein und nehmen Sie wahr, wie das Buch sich dabei hebt. Der Brustkorb bleibt so ruhig wie möglich.
- Legen Sie dann das Buch auf den Brustkorb und konzentrieren Sie sich auf die Brustatmung. Nehmen Sie wahr, wie sich das Buch und damit der Brustkorb beim Einatmen hebt und beim Ausatmen senkt.
- Legen Sie dann ein Buch auf Bauch und Brustkorb. Atmen Sie ein, nehmen Sie wahr, wie sich der Bauch hebt und beim weiteren Einatmen sich auch der Brustkorb hebt. Halten Sie die Atmung für einen Moment und atmen Sie zuerst im Bauch wieder aus und dann im Brustbereich.
- Beziehen Sie beim nächsten Atemzyklus den oberen Brustbereich mit ein.
- Atmen Sie ein, der Bauch hebt sich, der Brustkorb und zuletzt der Schlüsselbeinbereich und der Bereich oberhalb der Schlüsselbeine, wo sich die Lungenspitzen befinden. Atmen Sie aus, der Bauch senkt sich, der Brustkorb, der Schlüsselbeinbereich.

Untere Bauchatmung

- Setzen Sie sich aufrecht auf einen Stuhl oder nehmen Sie einen Meditationssitz ein.
- Legen Sie die Hände auf den Unterbauch, lassen Sie den Atem in den Bauch fließen und nehmen Sie wahr, wie sich Ihr Bauch unter Ihren Händen leicht nach außen wölbt (dabei den Bauch nicht herausdrücken, d.h. nicht mit zu viel Willen einatmen).
- Mit dem Ausatmen ziehen Sie den Bauch ein wenig ein, halten diese Spannung einen Moment und lassen den Atem wieder einströmen.

Brustkorbatmung

- Legen Sie die Hände an die unteren Rippen, so dass die vier Finger nach vorne, die Daumen nach hinten schauen. Nehmen Sie wahr, wie sich beim Einatmen Ihr Brustkorb nach allen Seiten weitet.
- Mit dem Ausatmen üben Sie leichten Druck auf den Brustkorb aus, nach einer kurzen Pause lassen Sie den Atem erneut einströmen.

Schlüsselbein-Atmung

- Legen Sie die Hände in die Halsgrübchen oberhalb der Schlüsselbeine.
- Nehmen Sie wahr, wie sich dieser obere Brustkorbbereich mit dem Einatmen hebt und beim Ausatmen wieder senkt. Nach einer kurzen Pause lassen Sie den Atem wieder einströmen.

Dreiteilige Yoga-Atmung

- Legen Sie die Hände auf die Oberschenkel, richten Sie den Rücken gerade auf und entspannen Sie die Schultern.
- Lassen Sie den Atem zuerst in den unteren Bauchraum fließen, dann in den Brustkorb und in den oberen Lungenspitzenbereich.

- Halten Sie einen Moment die Atemfülle und atmen Sie langsam wieder aus und ziehen Sie am Ende der Ausatmung den Bauch leicht ein.
- Nach einer kleinen Pause atmen Sie erneut ein.

Positive Auswirkung der dreiteiligen Yoga-Atmung

Während der tiefen Bauchatmung wird das Zwerchfell nach unten bewegt, es entsteht ein Druck auf die Bauchorgane, eine Art dauernder innerer Massage. Besonders der Darm braucht diese Bewegung, die durch die Bauchatmung ausgelöst wird, um richtig arbeiten zu können. Mit der Senkung des Zwerchfells vergrößert sich auch der Lungenbereich (die Lungen liegen auf dem Zwerchfell auf). Zusammen mit der vertieften Brustkorb- und Schlüsselbeinatmung kommt es zu einer deutlichen Vergrößerung der Lungenkapazität. Die Belüftung der Lunge und die gesamte Sauerstoffversorgung der Zellen werden verbessert. Es kommt dadurch zu einer deutlich verbesserten Blutversorgung im Körper, die Herztätigkeit wird entlastet, die Kreislauffunktion verbessert, die Gehirndurchblutung wird ebenfalls erhöht.

Die vertiefte und verlangsamte Atmung bringt Entspannung und Entlastung für die Psyche, es kommt ebenfalls zu einer Art Erweiterung. Damit wirkt die Yoga-Atmung depressiven Gefühlen oder Angst und Panikanfällen entgegen, die fast immer in Verbindung mit einer zu flachen oder zu schnellen Atmung stehen. Regelmäßig durchgeführte Atemübungen führen zu einer deutlichen Verbesserung der Standfestigkeit und des Selbstbewusstseins.

Aufladung des Sonnengeflechts

- Setzen Sie sich aufrecht hin und reiben Sie die Handflächen fest aneinander, bis sie warm werden. Legen Sie die etwas gespreizten Fingerspitzen oberhalb des Nabels auf den Oberbauch, die Finger sollten sich dabei nicht berühren.
- Stellen Sie sich das Sonnengeflecht, ein Nervengeflecht, das sich in diesem Bereich etwas oberhalb und um den Nabel herum befindet, wie eine leuchtend gelbe Kugel oder Scheibe vor.

- Atmen Sie tief ein und lenken Sie mit dem Ausatmen einen hell leuchtenden Energiestrom aus der Lunge über die Schultern durch die Arme, Hände und Fingerspitzen in das Sonnengeflecht.
- Stellen Sie sich vor, wie sich das Sonnengeflecht wie eine Batterie mit der *Prana*-Energie auflädt. Wiederholen Sie in Ihrem Inneren: »Ich bin die strahlende Sonne meines Lebens, gesund und stark.« Wiederholen Sie diese Visualisierung mit dem Atem siebenmal und spüren Sie mit geschlossenen Augen nach.

Die nachfolgenden *Pranayama*-Übungen empfehle ich Ihnen vor allem, wenn Sie schon etwas mehr Erfahrung haben:

Ujjayi-pranayama

Übersetzt heißt *Ujjayi* in etwa »etwas den Vorrang geben« oder »erfolgreich, machtvoll«. Bei dieser Übung stellen Sie sich vor, dass Sie Ihren Kehlkopf ganz eng werden lassen. Mit dieser Verengung atmen Sie bei geschlossenem Mund durch die Nase ein und aus. Es entsteht dabei ein leise schnarchendes Geräusch. Verschließen Sie Ihre Ohren mit beiden Händen, dann können Sie dieses Geräusch, das auch einem Rauschen des Windes in den Bäumen gleicht, ganz deutlich hören.

- Setzen Sie sich aufrecht hin und neigen Sie das Kinn etwas zur Brust. Legen Sie die Hände mit den Handflächen nach oben auf die Knie, Daumen und Zeigefingerspitzen berühren sich und bilden einen Kreis.
- Atmen Sie vollständig aus und dann durch beide Nasenlöcher langsam, stetig und tief ein. Der Durchgang der eingesogenen Luft wird in der Gaumenhöhle gespürt und sollte gehört werden.
- Füllen Sie die Lungen, blähen Sie den Bauch dabei nicht auf, halten Sie den Atem ein bis zwei Sekunden lang und atmen Sie wieder aus. Entspannen Sie dann kurz bewusst Ihr Zwerchfell.
- Wiederholen Sie diese Übung mehrere Minuten lang und spüren Sie dann nach.

Nadi-sodhana-pranayama

Prana fließt bei dieser Übung durch das rechte Nasenloch ein und durch das linke aus. Diese Atemform führt auf körperlicher und seelisch-geistiger Ebene zu einer Harmonisierung von weiblicher und männlicher Energie, Aktivität und Passivität. Die yogischen Schriften beschreiben dabei eine Verbindung von Sonnenenergie *Pingala (männlich)* und Mondenergie *Ida (weiblich).* Diese Energie wird im feinstofflichen Körper durch *Nadis* geleitet, röhrenförmige Organe, ähnlich den Arterien oder Venen.

Sodhana bedeutet reinigen, säubern, das heißt, durch diese Übung werden die feinstofflichen Energiekanäle gesäubert.

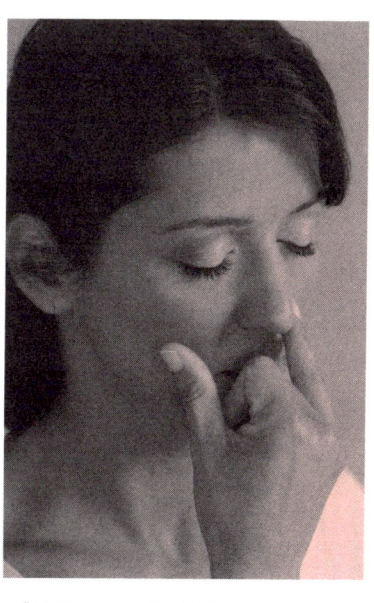

- Setzen Sie sich aufrecht hin, ziehen Sie das Kinn etwas zum Brustkorb, so dass der Nacken lang gedehnt bleibt. Legen Sie die linke Hand mit der Handfläche nach oben auf Knie oder Oberschenkel, Daumen- und Zeigefingerspitze bilden einen Kreis.

- Legen Sie den Daumen der rechten Hand auf das rechte Nasenloch (das obere Daumenglied wird so angewinkelt, dass es parallel zur Nase ist), Zeige- und Mittelfinger liegen an der Handfläche. Ringfinger und kleiner Finger schließen das linke Nasenloch.

- Atmen Sie – während Sie das linke Nasenloch verschließen – durch das rechte Nasenloch ein. Verschließen Sie beide Nasenlöcher und zählen Sie bis zwei, atmen Sie durch das linke Nasenloch aus (das rechte wird verschlossen) und zählen Sie dabei wieder bis zwei.

- Zählen Sie wieder jeweils bis zwei, während Sie durch das linke Nasenloch einatmen, die Pause halten und durch das rechte Nasenloch ausatmen.

- Konzentrieren Sie sich auf das Geräusch des Ein- und Ausatmens und versuchen Sie die Atembewegung auch mit den Fingern wahrzunehmen, indem Sie das Nasenloch beim Ein- und Ausatmen nur so weit öffnen, dass Sie die Bewegung des Atems unter Ihren Fingern spüren können.

- Wiederholen Sie diese Atemübung – rechts ein, anhalten, links aus; links ein, anhalten, rechts aus – mehrere Minuten lang und spüren Sie nach.

Wenn Sie einige Wochen geübt haben, können Sie den Atemrhythmus verändern in das Verhältnis: 1-einatmen, 4-halten, 2-ausatmen.

Die Wechselatmung führt – regelmäßig durchgeführt – zu einer Reinigung der Nase und der Nebenhöhlen. Durch den wechselseitigen Atemstrom beruhigt sich das Nervensystem. Außerdem haben entsprechende Tests gezeigt, dass es zu einer Harmonisierung beider Großhirnhälften kommt. Außerdem ist eine Beruhigung des Geistes deutlich zu spüren.

Grundsätze, die für alle Pranayama-Übungen gelten

- Nicht mit vollem Magen ausführen, das heißt, die letzte Mahlzeit sollte längere Zeit (mindestens 1 bis 2 Stunden) zurückliegen.
- Die beste Zeit für die Übungen sind die frühen Morgenstunden (möglichst vor Sonnenaufgang) und der späte Nachmittag, möglichst täglich zur gleichen Zeit und am gleichen Ort.
- In der Regel wird durch die Nase aus- und eingeatmet.
- Während der Übung sollte keine Spannung der Gesichtsmuskeln gespürt werden, auch nicht in den Augen, den Ohren oder den Nackenmuskeln, die Arme sollten bewusst entspannt werden.
- Während der Einatmung und der Atem-Anhaltung sollte sich der Brustkorb nach vorn und seitwärts dehnen. Der Bereich unter den Schulterblättern und Achselhöhlen darf sich nur nach vorn weiten, die Augen sollten die ganze Zeit geschlossen bleiben.
- In der Regel werden die Übungen im Sitzen ausgeführt, wenn man sehr müde ist, kann man sie allerdings auch im Liegen ausführen.

Das Wichtigste in Kürze

- Das Sanskritwort *Prana* bedeutet Lenkung bzw. Kontrolle der *Prana*-Energie.
- *Prana* bedeutet mehr als Atem, es ist die Kraft, die das Leben erhält; *Yama* ist der Weg zu lernen und zu erfahren, wie diese Energie innerhalb unseres Körpers verbreitet und wie wir immer im täglichen Leben bewusst mit dem Atem arbeiten können.
- Atem oder *Prana* stellt die Verbindung zwischen Innen und Außen, zwischen unserem persönlichen Leben und der Außenwelt her.
- Atemübungen haben eine große Wirkung auf den ganzen Organismus, auf das Nerven- und Herz-Kreislaufsystem und auf das Gehirn. Mit Hilfe dieser Übungen können wir Emotionen harmonisieren und unser Gedankenrad zur Ruhe bringen.
- Einfache Atemübungen sind für jeden Menschen hilfreich und wohltuend.
- *Pranayama*-Übungen aus der Yoga-Tradition erfordern genaue Anleitung und sollten in einem Kurs erlernt werden. In diesem Kapitel habe ich Ihnen zwei Übungen vorgestellt, die Sie in Ihr Programm integrieren können, auch wenn Sie nicht Yoga üben.

Gedankenstille – Antar Mouna

Antar Mouna bedeutet »Innere Stille«. *Antar Mouna* ist ein Teil der buddhistischen *Vipassana*-Meditationspraxis. Der Meditierende wird dabei selbst zum Zeugen, zum Betrachter seiner Gedanken und Gefühle. Gedanken und Gefühle werden wahrgenommen, aber nicht festgehalten. Sie werden mit einer Art Etikett »Gedanke« versehen und wieder losgelassen. Diese Übung wird so lange fortgeführt, bis innere Stille eintritt. Dabei wird die Qualität der Gedanken nicht gewertet – ob negativ oder positiv, angenehm oder unangenehm – jeder Gedanke und das damit verbundene Gefühl werden losgelassen.

Gewöhnlich verdrängen wir vor allem negative Gedanken und Gefühle. Sie gleiten tiefer ins Unbewusste und scheinen nicht mehr zu existieren, bis sie eines Tages auftauchen: Jemand hat eine Art Köder ins Wasser unseres Unbewussten geworfen und das Gefühl greift zu, schießt an die Oberfläche und richtet sich gegen den, der den Köder ausgeworfen hat. Dabei kommt mir das Beispiel einer jungen Frau in den Sinn, die zu mir kam, weil sie unter dem schlechten Verhältnis zu ihrer Schwiegermutter litt.

»Wenn der Mensch ein inneres Werk vollbringen soll, muss er alle seine Kräfte einziehen gleichsam in einen Winkel seiner Seele und sich vor allen Bildern und Gestalten verbergen, so vermag er dann zu wirken. In ein Vergessen, ein Nichtwissen muss er kommen, Stille und Schweigen muss sein, wo das innere Wort vernommen werden soll.«

Meister Eckhart

Die sehr attraktive junge Frau erzählte mir, wie gut sie trotz der Berufstätigkeit den Haushalt und die beiden Kinder im Griff habe. Niemand könne ihr nachsagen, dass die Kinder auch nur irgendetwas vermissen würden. Bevor Sie zur Geschichte mit der Schwiegermutter kam, erzählte sie mir, dass sie im Elternbeirat von Kindergarten und Schule sei, für eine gesunde Ernährung ihrer Kinder persönlich sorge und dies keinesfalls dem Au-pair-Mädchen überlassen würde. Die Kinder spielen Instrumente und sind gute Schüler. Die Schwiegermutter hatte bei einer Geburtstagseinladung zur Freundin ihrer Tochter gesagt: »Ach, das ist aber schön für dich, dass deine Mami zu Hause ist.« Dieser Satz hatte bei ihr eine derart heftige Reaktion ausgelöst, dass es zu einem massiven Streit mit der Schwiegermutter gekommen war, die das, nach ihren Worten, ganz harmlos gemeint habe und keinesfalls als Kritik an ihrer Schwiegertochter. In den folgenden Gesprächen fand ich heraus, dass die junge Frau selbst eine sehr erfolgreiche berufstätige Mutter gehabt hatte und ihre Kindheit als nicht sehr glücklich bezeichnete. Sie selbst wollte alles besser machen, aber offensichtlich plagten Sie heimlich quälende Gedanken, ob sie nicht doch besser zu Hause bleiben sollte. Aber eigentlich machte ihr der Beruf so viel Spaß und sie war doch dabei eine perfekte Mutter. Der Satz der Schwiegermutter war der oben beschriebene Köder, der die verdrängten

Schuldgefühle ans Tageslicht geholt hatte. Die Auseinandersetzung mit diesen Gefühlen führte zu sehr guten Gesprächen mit ihrer Schwiegermutter und zu einem sehr viel größeren Einverstandensein mit sich selbst. So war jetzt eine gute Basis geschaffen für eine weitere Auseinandersetzung mit diesem Thema.

Eine andere Situation, die sicher jede/r kennt: Ein schöner freier Tag steht bevor, und Sie entscheiden sich, gemütlich zu Hause zu bleiben. Kaum sitzen Sie wohlig im Lesesessel, fällt Ihnen eine Situation ein, die mit Ärger verbunden ist. Wie automatisch folgen dieser Erinnerung andere, die mit dem gleichen Menschen oder mit jemand anderen verbunden sind. »Nein, ich möchte lesen, sagen Sie bewusst.« Das Unbewusste liefert Ihnen weiter Material aus der Tiefe. Je mehr Sie versuchen, diese Gedanken zu verdrängen, umso aufdringlicher werden sie. In Ihrem Inneren baut sich immer mehr Spannung auf, denn eigentlich wollten Sie den Tag genießen. Diese Spannung zeigt sich in körperlicher Unruhe. Sie holen sich eine Zigarette, eine Tasse Kaffee oder leeren den Kühlschrank. Jetzt wächst der Unmut darüber. Der Tag scheint verdorben. Der Meister des Yoga Swami Sivananda schreibt dazu in seinem Buch: »Der geheimnisvolle Geist«: »Die Emotion ist die Antriebskraft, wie der Dampf in einer Maschine; sie hilft dir in deiner Entwicklung. Gäbe es keine Emotion, glittest du in einen Zustand der Passivität und Trägheit ab. Sie gibt den Anstoß zu Tat und Bewegung. Sie ist ein Segen. Aber du darfst nicht ein Opfer der Emotionen werden; du darfst ihnen nicht erlauben hervorzubrechen, wohl aber gestatten, langsam aus dem Geistozean aufzusteigen und still wieder in ihm zu versinken.« Es gibt Leute, die gern sensationelle Neuigkeiten hören, nur um ihre Emotionen anzustacheln. Sie leben von Emotionen, ohne die sie sich sehr stumpf fühlen. Das ist eine große Schwäche.

Der richtige Moment, um *Antar Mouna* zu üben

🕉 Schalten Sie äußere Störquellen aus und setzen oder legen Sie sich bequem hin. Schließen Sie die Augen oder richten Sie die halbgeöffneten Augen auf einen Punkt vor Ihnen auf den Boden.

- Beschließen Sie, nicht mit sich selbst zu kämpfen, und erlauben Sie Ihrem Unbewussten, jeden Gedanken und jedes Gefühl ins Bewusstsein zu bringen. Erlauben Sie all den unangenehmen Gedanken und Gefühlen aufzutauchen. Selbst wenn Sie Mordgelüste hätten, lassen Sie es zu. (Große *Tantra*-Meister berichten davon, dass sie Tausende von Morde begangen haben, bis sie zur echten tiefen Gedankenleere vorgedrungen waren.)
- Auch wenn Sie sich ganz schlecht fühlen mit dem Kühlschrank-Inhalt in Ihrem Magen, lassen Sie es zu. Nehmen Sie lediglich interessiert wahr, wie es sich anfühlt, zum Beispiel wieder einmal zu viel Süßes gegessen zu haben.
- Seien Sie ganz achtsam, dass sie keinen Köder aufgreifen, sondern weiterschwimmen, den nächsten Köder wahrnehmen, weiterschwimmen. Bis Sie keinen Köder mehr entdecken. Bis das Wasser der Gedanken und Gefühle ganz ruhig geworden ist.
- Atmen Sie noch eine ganze Weile tief und gleichmäßig und genießen Sie so lange wie möglich die innere Stille.

Antar Mouna ist keine Konzentrationsübung, sondern eine Wahrnehmungsübung. Sie hilft Ihnen dabei, im Jetzt zu verweilen. Je länger Sie *Antar Mouna* praktizieren, um so mehr werden Sie zu einer Art unbeteiligter Zeugin, einem Zeugen.

Die wichtigste Eigenschaft, die wir dazu brauchen, ist Geduld. Es kann Monate, Jahre, Jahrzehnte dauern, bis wir vordringen zur inneren Stille und bis die Gedankenwellen des unbewussten und instinktiven Geistes, die im Yoga als *Chitta* bezeichnet werden, zur Ruhe kommen. Dann haben wir das von *Patanjali* formulierte Ziel des *Yoga* erreicht: das Zur-Ruhe-Kommen aller (auch der Gedanken-) Aktivitäten.

Die Affenherde zähmen

Immer wieder werde ich in Yoga-Kursen gefragt, wie man mit äußeren Störungen umgehen soll. Ich erzähle dazu gern die Geschichte eines Yoga-Meisters, der einem hochmütigen Schüler eine Lektion erteilte, indem er ihm sagte: »Deine Aufgabe ist lediglich, drei Monate nicht an Affen zu denken.« Der Schüler war fast gekränkt über diese »Kleinigkeit«. Aber schon auf dem Nachhauseweg bemerkte er plötzlich die herumspringenden Affen. Plötzlich schienen Affen überall gegenwärtig zu sein, seine Gedanken drehten sich um Affen, ja sogar seine Träume. Schon nach vier Wochen kehrte er zum Meister zurück und bat ihn, ihn von diesem Gedankenterror zu befreien.

Verdrängung ist also keine Lösung. *Yoga Nidra* lehrt uns, die Störungen genauso wie alle anderen auch noch so leisen Geräusche wahrzunehmen und uns nicht zu verhaften.

Eine andere Möglichkeit ist, diese Geräusche zu nutzen und ihnen in die Tiefe zu folgen. So können wir sie geradezu als Einstieg in die Tiefenentspannung nutzen. Das kann zum Beispiel Regen sein, der an die Scheiben prasselt, oder eine Kirchenglocke aus der Ferne. Schwerer wird es schon beim Lärm eines Baufahrzeugs, aber mit etwas Übung kann sogar das gelingen, wenn wir es geschafft haben, nicht mehr zwischen angenehmen und unangenehmen Geräuschen zu werten.

Haben wir uns einigermaßen erfolgreich mit der Außenwelt arrangiert, beginnt das innere Konzert der Gedanken und Gefühle. Wie Soloinstrumente taucht meist ein Gedanke hartnäckig immer wieder auf. Ist er angenehm und positiv, sehen wir nicht so sehr die Notwendigkeit, ihn loszulassen, im Gegenteil. Anders, wenn es sich um quälende negative Gedanken handelt. Sie rufen meist starke Gefühle in uns hervor: Schuldgefühle, Kränkung, Angst, Sorge usw.

Sie würden wir liebend gerne loswerden. Auch hier gilt, wie bei den Außengeräuschen: Unterdrückung führt nicht zum Erfolg und wenn, dann bleiben sie in Form von Samen im Unbewussten zurück und führen zu dem, was der Yoga-Weg als *Samskara* zu einem Kreislauf aus Schmerz, Unglück und Frustration bezeichnet.

Der Schatten als fruchtbarer Humus

Meine eigene langjährige Erfahrung auf dem inneren Weg des *Yoga* und der Meditation lässt mich immer wieder bewusst werden, dass keine Verdrängung dauerhaft aufrecht zu erhalten ist. Vor allem negative Gedanken und Gefühle werden zu inneren schwarzen Gewitterwolken. Je mächtiger sie sind, umso dramatischer wird das entladende Gewitter, umso massiveren Schaden wird das Unwetter anrichten.

In der östlichen Tradition haben diese inneren Dämonen schreckliche Bilder. Sie stehen am Eingang der Tempel, man muss an ihnen vorbei, sie bewusst anschauen, wenn man ins Allerheiligste möchte.

C. G. Jung spricht davon, dass wir uns auf dem Weg der Individuation den Dämonen stellen müssen, den Widerständen und der Dunkelheit in uns selbst, bevor wir den versteckten Schatz, das Selbst, finden. Aber, so Jung, dieser Schatz ist nicht leicht zu haben, er ist verborgen im Meer des Unbewussten und nur der/die Mutige kann ihn erreichen. Diese Reise zum Selbst bezeichnet er als Heldenreise, die wir aus den Mythologien der Völker kennen. Auf dieser Reise müssen wir uns mit unserem Schatten auseinandersetzen, der uns in unseren abgelehnten Seiten, unseren Unzulänglichkeiten, Minderwertigkeiten und Widerständen begegnet. Üblicherweise projizieren wir den Schatten gerne nach außen. Dabei werfen wir das Licht auf etwas, was uns am anderen Menschen stört, damit wir den in uns verborgenen dunklen Schatten besser erkennen können. Diese Schatten-Projektion, die eigentlich ein hilfreiches Mittel zur Selbsterkennung sein könnte, ist sowohl ein persönliches als auch ein kollektives Phänomen, wie zum Beispiel unsere deutsche Vergangenheit zeigt. Das Böse sind im Zweifelsfall immer die anderen und die anderen müssen deshalb bekämpft werden.

Schattenbilder tauchen vor allem in unseren Träumen auf.

Auf dieser tieferen Bewusstseinsebene können sich verdrängte Inhalte zeigen, genauso wie während der Praxis des *Yoga Nidra*.

Der Schatten zeigt uns, dass wir nicht nur licht und hell sind, so wie wir uns gerne sehen wollen. Die Wahrheit anzuschauen, bedeutet damit eine Kränkung für unser Selbstwertgefühl. Die Wahrheit zu vermeiden, heißt allerdings, dass unser Selbstwertgefühl immer labil bleiben wird und davon abhängig, dass die verborgenen Seiten nicht ans Licht kommen. Nehmen wir uns selbst so, wie wir sind, mit Licht- und Schattenseiten, wird unser Selbstwertgefühl stabiler und unabhängiger von der Bewertung durch andere Menschen. Wenn wir unseren Schatten kennen und akzeptieren, dann rechnen wir auch mit dem Vorhandensein eines Schattens bei anderen, wir werden dann nicht so leicht enttäuscht sein und mit den Fehlern anderer wohlwollender umgehen.

Die verbotenen Gedanken in unserem Unbewussten können allerdings so tief vergraben worden sein, dass sie scheinbar nicht mehr existieren. Es braucht Geduld und Übung, bis sie zum Vorschein kommen. Manchmal tauchen sie plötzlich wie aus dem Nichts auf, vielleicht durch ein Trauma ausgelöst. Eine andere Möglichkeit, wie Verdrängtes sich zeigt, sind körperliche oder seelische Krankheiten. Um das zu vermeiden, müssen wir mutig beginnen, die dunklen Seiten anzuschauen, ohne uns mit ihnen zu identifizieren und in ihnen zu versinken. Wenn wir gesund bleiben oder werden wollen, müssen wir unsere Gedanken akzeptieren, egal, ob sie heilig sind oder bösartig.

C.G. Jung, der sehr vertraut war mit östlichen Praktiken, empfahl seinen Patienten, sich ihre jeweilige Stimmungslage möglichst bewusst zu machen und sich rückhaltlos darin zu versenken.

Er empfahl, alle auftauchenden Phantasien oder sonstige Assoziationen schriftlich zu fixieren.

In *Antar Mouna* nehmen wir alles wahr: den Stuhl, auf dem wir sitzen, das vorbeifahrende Auto, das klingelnde Telefon, die eigenen Gedanken, die inneren Bilder, Visionen oder Wünsche, Gefühle von Abneigung oder Zuneigung, alles ist gleich-gültig, alles kommt und geht.

Der Religionsphilosoph Mircea Eliade, der ein Grundsatzwerk über Yoga verfasst hat, schreibt dazu: »Die großen Hindernisse für das asketische und kontemplative Leben erwachsen aus den Tätigkeiten des Unbewussten, aus den *samskaras,* all dessen, was die Psychologie als Inhalte des Unbewussten bezeichnet. Das Wertvolle ist allerdings nicht die Erkenntnis, sondern sind die vielfältigen Möglichkeiten, die im Yoga-Weg entwickelt wurden, um die Inhalte des Unbewussten zu meistern, zu »verbrennen«.«

Vor allem in der *Tantra*-Yoga-Praxis ist der Umgang mit den dunklen Seiten unbedingte Notwendigkeit auf dem Entwicklungsweg. Wenn wir sie annehmen, werden sie zu wertvollem Humus, verdrängen wir sie, werden sie zu Gedanken- und Gefühlsmüll, der uns am Leben hindert. Gerade in Zeiten der inneren Verwirrung ist diese Übung von großem Wert, um das innere »Hamsterrad« anzuhalten.

Lassen Sie negative Gedanken auch dann zu, wenn es Ihnen peinlich und unangenehm ist. Bleiben Sie nicht an einem Gedanken hängen, sondern lassen Sie weitere Gedanken zu, die Ihnen helfen, das dahinterliegende Thema genauer zu erkennen. So entsteht Humus für Neues, das wir mit Hilfe des anschließend formulierten *Sankalpa* in unser Bewusstsein einprägen. Ein Beispiel aus meiner Praxis drückt diesen Prozess sehr deutlich aus.

Eine Kursteilnehmerin bat nach einem *Yoga Nidra*-Seminar um einen Praxistermin. Dabei erzählte sie mir, dass während der Übungen immer wieder Situationen auftauchten, in der sie kleine oder größere Notlügen gebraucht hatte. Sie führte die Visualisierungen zu Hause fort und stellte fest, dass sie in so vielen Situationen ihres Lebens nicht wirklich ehrlich war. Immer beschönigte sie eine Situation, ließ etwas weg in ihrer Schilderung oder malte etwas anderes stark aus. Ihr wurde während unseres Gesprächs bewusst, wie sie damit andere Menschen manipulierte, damit sie in der von ihr erwarteten Weise auf das Gehörte reagieren. Am Ende erreichte sie zwar oft, dass alle zufrieden waren, weil sie diese »Taktik« häufig einsetzte, um Harmonie zu schaffen, aber sie selbst war unzufrieden. Sie wusste am Ende nicht mehr, was sie selbst wirklich dachte oder wollte.

Ich ermutigte sie, nicht vorzeitig diese Gedanken zu unterdrücken, sondern weiter daran zu arbeiten. Immer mehr Situationen tauchten auf, sogar aus ihrer frühesten Kindheit, an die sie scheinbar keinerlei bewusste Erinnerung hatte. Sie nahm sich vor, täglich *Antar Mouna* zu praktizieren und sich nicht mehr emotional in die einzelnen Situationen verwickeln zu lassen, sondern sie einfach nur zu betrachten.

Nach einigen Wochen hatte sie das Gefühl, sie müsse jetzt ein *Sankalpa,* einen positiven Leitsatz, bilden, um dieses alte Muster zu wandeln. Es war ihr besonders wichtig, dass sie auch mit einer veränderten Haltung zur Harmonie unter den Menschen beitragen konnte. So lautete ihr *Sankalpa:* »Indem ich mich mit meiner Wahrheit zeige, helfe ich anderen Menschen ihre Wahrheit zu leben.«

Wiederum nach einigen Wochen berichtete sie mir, dass sie manchmal glaube, ein »neuer Mensch« zu sein. Die veränderte innere Einstellung und das Bewusstsein, zu sich stehen zu dürfen, wirkte sogar auf ihre Haltung: Fester Stand und innere Aufrichtung wurden deutlich sichtbar.

Eine Kursteilnehmerin, die über mehrere Wochen fast täglich die Reinigungsübungen des inneren Unkrautjätens (siehe Seite 81) durchgeführt hatte, berichtete von ihrer Entwicklung, die sie in dieser Zeit erlebt hatte: »Schon nach wenigen Tagen konnte ich feststellen, dass einige »Unkraut-Gedanken« durch nichts dauerhaft zu beseitigen waren. Dazu gehörte ein Konflikt, den ich mit einer Kollegin habe und der mich in quälender Weise immer wieder beschäftigt. So sehr ich mich auch bemühe, diese negativen Gedanken auszuspülen, am anderen Tag – spätestens wenn ich meiner Kollegin begegne – sind sie wieder da.

Sie beschloss daraufhin, ein *Sankalpa* zu formulieren, mit dessen Hilfe sie diese quälenden Gedanken auflösen kann. Beim ersten Versuch formulierte sie es so: »Ich bin frei von negativen Gedanken und Gefühlen, die meine Kollegin betreffen.« Obwohl sie diesen Satz während *Yoga Nidra* fast täglich mehrmals wiederholte, stellte sich keine Veränderung ein. Sie überlegte lange, was sie falsch gemacht hatte. Wiederum verwandte sie mehrere Tage darauf, Gedanken, Bilder, Gefühle ohne Wertung kommen und gehen zu lassen. Plötzlich tauchte ein Bild aus ihrer Schulzeit auf. Sie sah sich selbst etwas außerhalb stehend, ein gleichaltriges Mädchen stand im Mittelpunkt des Interesses, fast alle Mädchen scharten sich um sie.
Blitzartig spürte sie ihre Enttäuschung, fühlte sich abgelehnt und hilflos. Als nächstes tauchte das Bild der Kollegin auf und damit verbunden ganz ähnliche Gefühle. Im zweiten Versuch formulierte sie das *Sankalpa* wie folgt: »Ich fühle mich geliebt von meinen Mitmenschen.« Dieser Satz entsprach prinzipiell auch ihrem Lebensgefühl – außer, wenn sie der anderen Frau begegnete.

Nach einiger Zeit nahm sie eine deutliche Erleichterung wahr. Ihre Gedanken kreisten nicht mehr so sehr um ihren Arbeitsplatz und ihre Kollegin. Wirklich lösen konnte sie das Problem erst mit dem folgenden *Sankalpa*: »Ich bin frei – Ich habe die Wahl«. Jetzt erst war sie in der Lage, sich dort abzugrenzen, wo sie es für notwendig hielt, und offen zu sein, wenn sie sich gut fühlte. Dieses Beispiel zeigt, dass wir manchmal fast Detektiv-Arbeit leisten müssen, um den verborgenen Gedanken- und Gefühls-Pflänzchen auf die Spur zu kommen.

Geistiger Hausputz

Die nachfolgenden Übungen haben sich in meinen Kursen sehr bewährt, sowohl als Vorbereitung auf *Antar Mouna* als auch als eigenständige Übungen. Sie sollten diese mentalen Reinigungsübungen mehrmals pro Woche durchführen. Sie werden vielleicht schon beim ersten Mal die positive Wirkung spüren. Manchmal braucht es allerdings auch Geduld, wenn die Bilder nicht sofort auftauchen oder wenn Ihre Gedanken während der Übung abschweifen. Versuchen Sie es einfach an einem anderen Tag noch einmal, oder üben Sie es zusammen mit einer Freundin oder einem Freund.

Der magische Schwamm

- Nehmen Sie eine bequeme Sitzhaltung ein, schließen Sie die Augen und atmen Sie einige Minuten lang tief und gleichmäßig.
- Mit jedem Ausatmen entspannen Sie sich tiefer und tiefer. Um sich noch tiefer zu entspannen, können Sie von 10 bis 1 zählen, bei jeder absteigenden Zahl entspannen Sie sich noch tiefer.
- Stellen Sie sich vor, Sie verlassen den Ort, an dem Sie sich gerade befinden, und gehen hinaus in die Natur. Sie kommen zu einem kleinen Fluss, die Sonne scheint, das klare Wasser lädt Sie ein, Ihre Kleider abzulegen und in den Fluss zu steigen. Das Wasser bedeckt Ihre Füße und Unterschenkel bis zu den Knien.
- Sie entdecken einen Schwamm am Ufer des Flusses, mit dem Sie Ihren ganzen Körper reinigen können.
- Beginnen Sie bei den Füßen, gehen Sie weiter entlang der Beine bis zu Ihrem Gesäß und bis zum Bauch. Spülen sie den Schwamm im klaren Wasser des Flusses aus, bevor Sie weiter

nach oben gehen, den Oberkörper und die Arme reinigen, die Hände, den Hals und den Kopf. Wenn Sie möchten, können Sie jetzt einmal ganz untertauchen und alles abspülen, was an Ihrem Körper klebt, was Sie nicht mehr brauchen.

- Sie entdecken, dass der Schwamm magische Qualitäten hat: Er kann auch das Innere Ihres Körpers reinigen.
- Beginnen Sie bei den Füßen, reinigen Sie die Füße von innen, dann die Beine und das Becken. Vergessen Sie nicht, auch Ihre inneren Organe zu reinigen. Der Schwamm nimmt alle Schlackenstoffe mit, jede Zelle wird gereinigt. Waschen Sie den Schwamm im klaren Wasser aus, gehen Sie weiter nach oben, durch den Brustkorb, die Arme und Hände, durch Hals und Kopf. Nachdem Sie den Schwamm noch einmal gründlich ausgewaschen haben, legen Sie ihn zurück ans Ufer. Bedanken Sie sich bei dem heilkräftigen und reinigenden Wasser, dass es alle Schlackenstoffe mitnimmt und umwandelt.
- Genießen Sie noch ein paar Augenblicke die warme Sonne auf Ihrem Körper, der innen und außen hell und klar ist.
- Steigen Sie heraus aus dem Fluss, legen Sie Ihre Kleider wieder an und kommen Sie – erfrischt und gereinigt – zurück zu Ihrem Platz.

Die nachfolgende Übung sollten Sie möglichst täglich am Abend durchführen. Besonders gut können Sie die Wirkung spüren, wenn sich Ihr Gedankenkarussell besonders schnell dreht oder wenn Ärger oder Ängste Sie plagen. In einem sehr ausgeglichenen Gemütszustand wird es Ihnen schwerer fallen, negative Gedankenmuster zu entdecken. Dann bleiben Sie bei einer allgemeinen Reinigung des Gehirns. Wenn Sie tiefer gehen möchten, atmen Sie etwa 10 Minuten lang tief ein und aus und lassen Sie zwischen den Atemphasen keine Pause entstehen. Dieser verbundene Atem bringt Sie schnell in Kontakt mit tiefer liegenden Gefühlen.

Das Gehirn entrümpeln

Beginnen Sie die Visualisierungsübung in der gleichen Weise wie oben beschrieben.

Sie können mit der inneren und äußeren Körperreinigung beginnen oder gleich zur Reinigung der Gedanken und Gefühle kommen.

- Öffnen Sie in Ihrer Vorstellung auf Ihrer Stirn ein großes Fenster und erlauben Sie dem kühlen Wind, Ihr Gehirn zu reinigen. Alle Gedanken und Gefühle, die sich in den vielen Windungen und in allen Bereichen des Gehirns festgesetzt haben, nimmt der Wind mit sich. Stellen Sie sich die herausfliegenden Gedanken und Gefühle zum Beispiel in Form von Farben, flatternden Bändern oder Buchstaben vor. Ihr Gehirn wird dadurch immer leichter und freier, immer unbelasteter und fröhlicher.

- Nehmen Sie sich Zeit wahrzunehmen, welche negativen, ängstlichen Gedanken oder Lebensinhalte, die sie immer wieder unglücklich machen, hartnäckig im Gehirn verbleiben.

- Stellen Sie sich diese Gedanken wie Unkraut vor, das sich tief eingegraben hat in Ihr Gehirn und das Wachstum der positiven kreativen Gefühle und Gedanken fast erstickt. Fangen Sie in Ihrer Vorstellung an, dieses Unkraut auszureißen. Manchmal müssen Sie tief graben, um die Wurzel zu erwischen, manchmal sitzen die Pflänzchen schon recht locker. Wenn sich manches Unkraut, manche alte Verletzung, ärgerliche, wütende, schuldbeladene Gedanken so gar nicht entfernen lassen, überfluten Sie Ihr Gehirn. Das Wasser weicht den Boden auf und lockert auch noch das letzte Unkraut-Pflänzchen.

- Am Ende betrachten Sie Ihr Werk wie eine zufriedene Gärtnerin.

- Schließen Sie das Fenster auf Ihrer Stirn und genießen Sie die neu gewonnene Klarheit. Nehmen Sie wahr, dass jetzt Neues gedeihen kann.

- Kommen Sie aus Ihrer tiefen Entspannung wieder heraus, strecken und dehnen Sie sich und schreiben Sie möglichst Ihre Erfahrungen auf.

Den inneren Garten pflegen

Setzen Sie sich bequem und aufrecht hin und schließen Sie die Augen. Verwurzeln Sie Ihre Füße fest im Boden, richten Sie die Wirbelsäule auf und atmen Sie tief und gleichmäßig.

Stellen Sie sich vor Ihrem inneren Auge die Zahl 3 vor, die Zahl 2 und die Zahl 1. Gehen Sie eine imaginäre Treppe nach unten, während Sie von 10 bis 1 zählen.

- Stellen Sie sich einen idealen Entspannungsplatz so genau wie möglich vor und entspannen Sie sich gut.

- Begeben Sie sich jetzt auf einen Spaziergang. Sie kommen zu einem Gartentor, das einladend für Sie offen steht. Sie betreten den Garten und sehen auf der einen Seite ein Gemüse- auf der anderen Seite ein Blumenbeet.

- Die kleinen Gemüsepflänzchen sind genauso wie die Blumen von Unkraut überwuchert, dazwischen liegen vom letzten Sturm abgerissene Zweige. Jemand hat achtlos Zigarettenkippen und Papiertaschentücher hineingeworfen.

- Die Blumen und Pflänzchen sprechen zu Ihnen und bitten Sie um Hilfe. Sie machen sich an die Arbeit, erst einmal ein Beet zu säubern, die geknickten Pflänzchen aufzurichten und zu stützen und das Unkraut zu entfernen.

- Am Ende blicken Sie auf Ihr Beet. Sie freuen sich über die Ordnung und über die Harmonie, die Sie jetzt spüren. Sie können jetzt entscheiden, ob Sie auch das andere Beet noch bearbeiten oder es ein anderes Mal tun wollen.

- Verlassen Sie den Garten, schließen Sie sorgsam die Gartentür und kommen Sie an Ihren inneren Entspannungsplatz zurück. Stellen Sie sich vor, dass Sie gleichzeitig mit der Ordnung in Ihrem Gartenbeet auch Ordnung in einer oder zwei Ihrer Gehirnhälften hergestellt haben. Stellen Sie sich Ihr Gehirn, klar und geordnet, harmonisch und licht wie einen geordneten Garten vor.

- Verlassen Sie dann diese tiefe Bewusstseinsebene, in dem Sie langsam von 1 bis 10 zählen und dabei Stufe für Stufe auf der imaginären Treppe wieder nach oben kommen.
- Zählen Sie von 1 bis 3, öffnen Sie die Augen – hellwach und klar.

Es empfiehlt sich *Antar Mouna* anfangs auch getrennt von *Yoga Nidra* zu üben, zum Beispiel auch während des Tages. So wird es Ihnen leichter fallen, am Anfang Ihrer *Yoga Nidra*-Übung für ein paar Minuten die Ruhe der Gedanken zu erleben. Je geübter Sie sind, umso länger sollten Sie in dieser Übung verweilen, bis Sie weitergehen und Ihre Aufmerksamkeit in die einzelnen Körperteile lenken.

Die einzelnen Schritte

- Bewusstwerden der Außenwelt (Geräusche, Gerüche)
- Bewusstwerden dessen, was in unserem Inneren vorgeht (Gedanken, Gefühle)
- Akzeptieren aller Gedanken und Gefühle, besonders auch, wenn sie negativ und unangenehm sind
- Sich befreien von negativen Gedanken und Gefühlen, indem wir ihnen auf den Grund gehen und sie in der Tiefe loslassen und verwandeln
- Innere Stille entsteht

Beginnen Sie mit dem ersten Schritt, indem Sie sich einmal täglich Zeit nehmen, um in die Stille zu gehen. Setzen oder legen Sie sich bequem hin und nehmen Sie für einige Minuten alle Geräusche um Sie herum wahr. Wenn Sie diese Übung über ein bis zwei Wochen täglich durchführen, werden Sie das Gefühl haben, dass sich Ihr Hörvermögen verbessert. Üben Sie dabei, nicht zu werten. Es wird vielleicht etwas dauern, bis Sie die Geräusche nicht mehr mit unangenehmen oder angenehmen Gedanken oder Gefühlen verbinden. Erst wenn Sie diese Achtsamkeit einige Tage geübt haben, sollten Sie zum nächsten Schritt weitergehen und sich auf die inneren Geräusche konzentrieren. Nehmen Sie die auftauchenden Gedanken und Gefühle wahr und lassen Sie die Gefühle und Gedanken wieder los, wie oben beschrieben. Üben Sie über mehrere Wochen immer tiefer zu gehen. Sie werden auf tiefere Schichten stoßen, d.h. auf Gedanken, die Ihnen noch nie bewusst waren.

Erst wenn Sie diese Übung über einige Zeit erfahren haben, lenken Sie Ihre Aufmerksamkeit auf die Stille.

ÜBUNG

- Schließen Sie die Augen und nehmen Sie wahr, was Sie gerade denken. Vielleicht tauchen Bilder aus der Vergangenheit auf oder Situationen aus Ihrem jetzigen Leben. Lassen Sie Menschen auftauchen, die Sie lieben, und andere, mit denen Sie Probleme haben. Betrachten Sie diese Menschen neutral und wie von außen, lassen Sie die Bilder an sich vorbeiziehen. Lassen Sie sich nicht von Ihrer Fantasie verführen, die ganze Geschichte, die Sie mit diesen Menschen verbinden, aufzurollen.
- Atmen Sie zwischendurch tief ein und aus, lassen Sie den Atem tiefer und tiefer werden.
- Stellen Sie sich vor, wie die Gedanken durch die Vordertür Ihres Hauses hereinkommen und wie Sie die Hintertür öffnen und sie wieder hinauskomplimentieren. Dabei beobachten Sie den Menschen, den Gedanken und das Gefühl interessiert von außen.

Die Bedeutung der Stille

- Genießen Sie so oft wie möglich bewusst die Stille. Lassen Sie die äußere Stille nach innen fließen, bis Sie die innere Stille »hören« können. Je häufiger Sie die innere Stille »hören«, umso leichter wird es Ihnen fallen, diese Stille auch inmitten von Lärm und Unruhe entstehen zu lassen.
- Innere Stille beruhigt Gefühle, Gedanken und führt schließlich auch zur Entspannung des Körpers.
- Lauschen Sie bewusst auf die Stille hinter der Stille. Man kann sie wahrnehmen, zum Beispiel im Wald oder auf dem Berg,

wenn es ganz ruhig ist. Es ist wie ein Eintauchen in ein Meer der Stille.

- Die Fähigkeit, innerlich still zu werden, wird Ihnen helfen, Ordnung in ihren Gedanken und Gefühlen zu schaffen. Nur in der Stille können Sie in Kontakt treten mit Ihrer inneren Führung, mit dem Selbst.

- Das Selbst ist der innerste Kern in jedem Menschen, der alles umfasst, Schatten und Licht, Begabungen und Talente genauso wie die Ängste und Widerstände.

- Stille ist eine der wichtigsten Voraussetzungen, um zur inneren Harmonie zu finden. Harmonie wiederum ist die wichtigste Voraussetzung für ein glückliches, erfülltes Leben.

- Die Stille führt zur Selbsterkenntnis. Sind wir innerlich still, erkennen wir, dass das, was wir an uns und anderen ablehnen, ein wertvoller Anstoß zur Entwicklung sein kann. In der Stille können wir verborgene Antriebsmechanismen bei uns und anderen erkennen. Auf diese Weise fällt es uns leichter, zu entscheiden, was wir wirklich wollen, wann wir Ja oder Nein sagen müssen.

- Die Stille entspricht dem weiblichen, dem aufnehmenden Prinzip. Wer Stille erträgt, kann auch hören – die innere Stimme oder das Wort Gottes vernehmen.

> *»Wahre Stille ist nicht nur Lautlosigkeit. Wahre Stille geht über alle Weisheit, alle Musik hinaus; sie ist die lichtvollste, mächtigste, schönste Welt, das Zentrum, aus dem alle Schöpfungen hervorquellen. Diese Stille ist Gott selbst. Man sollte sich so oft wie möglich mit ihr vereinigen.«*
>
> O. M. Aivanhov

Die Stille ermöglicht uns das Aufladen der eigenen Energiespeicher. Diese Erkenntnis steckt hinter allen Meditationsübungen, die die Stille im Körper und in den Gedanken und Gefühlen zum Ziel haben. Meist kann man schon nach kurzer Zeit die erfrischende Kraft der Stille feststellen. Allerdings gibt es auch andere Erfahrungen (Unruhe, Unlust etc.), die wie ein Alarmsignal zu verstehen sind. Diese innere Unruhe zeigt uns, dass der Körper bereits eine beträchtliche Menge von Anspannung angesammelt hat, die jetzt ins Bewusstsein tritt und aufgelöst werden möchte. Hier ist vor allem Geduld notwendig.

Die Wirkung der Stille auf den Körper und vor allem auf das Immunsystem ist heute vielfach bewiesen.

Die Stille ernährt,
der Lärm verbraucht.

Chinesisches Sprichwort

Die Forschungsergebnisse der Psychoneuroimmunologie zeigen, dass innere Unordnung, Anspannung, ungelöste Konflikte usw. einen großen Einfluss auf die Entstehung von Krankheiten haben.

Diese oben beschriebenen Reinigungsübungen des mit Bildern, Gefühlen und Gedanken überladenen Bewusstseins sind von großer Bedeutung. Nehmen Sie sich dafür Zeit, auch wenn Sie nicht sofort die Wirkung erfahren.

Das Wichtigste in Kürze

- *Antar Mouna* ist eine Übungspraxis aus der buddhistischen *Vipassana*-Meditation, mit deren Hilfe Sie Ordnung und Ruhe in Ihre Gedanken und Gefühle bringen.
- Man kann diese Übung als eine Art inneren Reinigungsprozess sehen, bei dem verdrängte Gedanken ins Bewusstsein kommen, betrachtet und losgelassen werden können.
- Das Gehirn muss genauso entrümpelt und entgiftet werden wie Ihre Wohnung oder Ihr Körper.
- Verdrängte Gedanken wirken im Unbewussten und blockieren die Lebensenergie.
- Ruhe und Ordnung in Gedanken und Gefühlen ermöglichen eine tiefe Entspannung und ein Eintauchen in eine tiefere Bewusstseinsebene.
- Gedankenruhe begünstigt klares Denken und löst Zweifel und Unsicherheit auf.
- *Antar Mouna* sollte mindestens einmal am Tag geübt werden, anfangs auch als eigene Übung.
- *Antar Mouna* folgt in der *Yoga Nidra*-Praxis nach der Einstimmung, zum Beispiel durch ein kurzes Musikstück.

Die Praxis der Tiefenentspannung

Die Praxis der Tiefenentspannung wird im Yoga mit *Savasana* – (Toten- oder Leichenstellung) bezeichnet. Das Ziel dieser Übung ist ein völliges Zur-Ruhe-Kommen, das der Unbeweglichkeit eines Toten gleicht. *Savasana* entwickelt unser Verständnis für den Grundsatz, den *Patanjali* im ersten Kapitel der *Yoga Sutras* formuliert: »*Yoga* ist das Zur-Ruhe-Kommen aller Aktivitäten.«
Schon der Begriff »Totenstellung« weist darauf hin, wie schwierig diese Übung auszuführen ist, obwohl sie scheinbar einfach aussieht. Es ist außerordentlich schwer, sich tot – den eigenen Tod – vorzustellen. Nicht mehr in Bewegung sein, nicht mehr aktiv und tätig sein, erfüllt uns mit Angst. »Wenn ich zur Ruhe komme, kommt sofort die Angst oder ein Gefühl von Sinnlosigkeit und Verlorenheit.« Solche und ähnliche Sätze höre ich oft in meiner Praxis. Sich entspannen und zur Ruhe kommen wird gleichgesetzt mit dem Verlust der Kontrolle, die wir so ungern loslassen.

»Ich würde so gerne loslassen, mich fallen lassen, wenn ich das Vertrauen hätte, dass mir nichts passiert.« Was genau befürchten wir? Dass die inneren Dämonen, die Schuld- oder Ohnmachtgefühle, die Selbstzweifel oder Minderwertigkeitsgefühle aus irgendeiner Ecke des Unbewussten auftauchen? Oder befürchten wir, dass wir nicht mehr existieren, wenn unser Ich-Bewusstsein nicht aktiv ist, wenn wir nichts leisten, sprechen oder wenn wir nicht über etwas nachdenken? Dabei können wir gerade mit Hilfe der Tiefenentspannung lernen, Vertrauen zu entwickeln: Vertrauen in den eigenen inneren, unzerstörbaren Teil, Vertrauen in uns selbst und in unsere innere Führung. Im ganz praktischen Sinn kann *Savasana* als Einübung des Sterbens verstanden werden. Kleine Sterbensprozesse erleben wir immer wieder, wenn wir etwas loslassen müssen, seien es Dinge, Menschen, Tiere oder auch Lebensabschnitte. So verlieren wir nach und nach die Angst, die alle Menschen bewusst oder unbewusst begleitet: die Angst, nicht mehr zu existieren.

Bedeutung der Entspannung

Entspannung wirkt in unserer hektischen Zeit fast wie ein Zauberwort. Auf der Suche danach finden immer mehr Menschen den Weg zum Yoga. Neben der Tiefenentspannung stellen die Körperübungen des *Yoga,* verbunden mit Atemlenkung, Achtsamkeit und Harmonie her zwischen Spannung und Entspannung – diese Polarität und ihr dauerndes Wechselspiel ist das Geheimnis allen Lebens. Heute ist das Gleichgewicht meistens zu Lasten der Entspannung verschoben mit all den bekannten negativen Auswirkungen auf den ganzen Menschen (siehe Abschnitt »Stress bewältigen«, Seite 151). Mit Hilfe der Tiefenentspannung während *Yoga Nidra* finden wir zurück zum harmonischen Rhythmus, der überall in der Natur und damit auch in unserer eigenen Natur wirkt.

Zwar entwickeln wir auf der einen Seite immer mehr Mechanismen, um unser Leben sicherer zu gestalten und die Lebensumstände zu kontrollieren, verlieren aber auf der anderen Seite die Kontrolle durch mangelnde Entspannung. Denn je angespannter wir sind, um so weniger handeln wir aus der inneren Mitte, umso mehr regieren der Kopf, die Angst oder die alten Erfahrungen, die nicht unbedingt die richtigen Ratgeber sind. Es fehlt uns zunehmend an natürlicher Gelassenheit und damit auch an Geduld und Toleranz – für uns selbst und für andere. Diese Haltung zeigt sich in unserem Körper: verspannte Schultern, Rückenschmerzen, Reizdarm, nervöser Magen usw. sind die Folge. Der Psychotherapeut und Meditationslehrer Graf Dürckheim sprach sehr anschaulich davon, »dass sich der westliche Mensch in einem Dauerzustand zwischen Verspannung und Auflösung befindet«. Diesen Umständen ist das ständig zunehmende Interesse für *Yoga* zu verdanken, auch wenn tiefe Inhalte, wie die Praxis von *Yoga Nidra* dabei oft zu kurz kommen. Die vielfältigen Jahrhunderte alten Yoga-Anleitungen zeigen, dass sich der Mensch offensichtlich nie wirklich leicht getan hat mit der Entspannung und dass es immer schon Übung und Geduld erfordert hat.

Körperlich, seelische und mentale Spannungen sind oft nicht genau zu differenzieren, dennoch liegt wohl das größte Spannungspotenzial im mentalen Bereich. Durch entsprechende Gedanken werden Gefühle wachgerufen oder körperliche Aktionen ausgelöst.

Körperliche Spannungen

haben ihre Ursache vor allem in

- Fehlhaltungen (angeborene Hüftverschiebung, Schiefstellung der Wirbelsäule etc.)
- falscher Ernährung (Übersäuerung), ein Zuviel an Reizstoffen wie Kaffee oder Alkohol
- körperlicher Fehlbelastung (Schuhe, einseitiges Tragen, falsches Sitzen etc.)
- hormonellen Störungen (während und nach Schwangerschaft, während Pubertät und Wechseljahren)
- einseitiger Lebensweise, zu wenig Bewegung, einseitiger Arbeitsbelastung

Seelische Spannungen

haben ihre Ursache vor allem in

- verdrängten negativen Gefühlen wie Ärger, Wut, Hass, Zorn
- Ängsten, depressiven Verstimmungen, Schuldgefühlen, Minderwertigkeitsgefühlen
- tiefer, meist unbewusster Trauer
- Sorgen

Mentale Spannungen

haben ihre Ursache in

- den oben beschriebenen verdrängten Gefühlen, die das Gedankenrad nicht zur Ruhe kommen lassen
- Reizüberflutung jeder Art wie Lärm, Informationsflut, Überforderung durch zu viel Unterhaltung (Film, Fernsehen)
- negativen Gedanken

Wie sich Spannungen auswirken

Die zahlreichen Muskeln des menschlichen Körpers ermöglichen seine vielfältigen Bewegungen. Damit die Muskulatur jederzeit reaktionsfähig bleibt, behält sie, wenn wir wach sind, eine gewisse Spannung, den Eu-Tonus bei. Erfolgt nach Anspannungen keine genügende Lösung, so führt dies zum Übertonus, zu einer Überspannung der Muskeln. Wird diese längere Zeit hindurch aufrechterhalten und nicht gelöst, entstehen Verspannungen bis hin zu schmerzhaften Verkrampfungen und Verhärtungen der betroffenen Muskeln.

Diese Muskelanspannungen können durch tatsächliche Ereignisse genauso ausgelöst werden wie durch verdrängte Gefühle, durch Ängste oder seelische Stress-Situationen. Verspannungen der kleinen Muskulatur betreffen auch die Gefäßmuskeln. Dadurch wird der Druck in den Gefäßen erhöht, es kommt zu hohem Augendruck, erhöhtem Blutdruck oder erhöhtem Druck auf die Blase. Ungenügender Spannungsabbau äußert sich außerdem in Kopfschmerzen, Migräne, Reizmagen oder Reizdarm sowie in asthmatischen Erkrankungen. Erhöhte körperliche, seelische oder mentale Anspannung führt zu sinnloser Kraftvergeudung, denn um die Spannung aufrecht zu erhalten, braucht der Körper ein Höchstmaß an Energie. Muskelverspannungen führen zu einer deutlich flacheren Atmung. Dadurch wird die Sauerstoffversorgung des Körpers vermindert. Es kommt zu Erschöpfung und Müdigkeit sowie auf lange Sicht gesehen zu Stoffwechselerkrankungen.

Entspannungsübungen als Vorbereitung auf Yoga Nidra

Wenn Sie wenig Erfahrung in Entspannungstechniken oder Yoga mitbringen, können Sie die in diesem Kapitel vorgeschlagenen Entspannungsübungen zur Vorbereitung auf *Yoga Nidra* zwei Wochen lang täglich üben. Wählen Sie dazu jeweils eine oder zwei Übungen aus.

ÜBUNG

Inneres Lächeln

🔘 Legen Sie sich auf den Rücken, die Arme liegen neben dem Körper, die Handflächen zeigen nach oben, die Beine fallen locker auseinander, die Fußspitzen fallen nach außen.

- Atmen Sie mehrmals tief ein und aus und lassen Sie sich mit dem Ausatmen tiefer in die Unterlage einsinken.
- Entspannen Sie mit dem Ausatmen den ganzen Körper. Lassen Sie in sich ein inneres Lächeln entstehen. Zunächst können Sie an etwas denken, was dieses Lächeln hervorruft. (Mit zunehmender Übungspraxis sollte es Ihnen möglich sein, dieses Lächeln entstehen zu lassen ohne direkten Bezug zu einem äußeren Ereignis.)
- Das Lächeln breitet sich auf Ihrem Gesicht aus, auf der Stirn, in den Augen, der Nase, auf Ihrem Mund und um die Ohren herum. Das Lächeln erfüllt den ganzen Kopf, das Gehirn und alle Gewebe und Zellen des Kopfes. Es erfüllt die Zähne und Knochen.
- Lassen Sie das Lächeln weiter fließen in den Hals, in die Lungen und in Ihr Herz. Spüren Sie die Energie des Lächelns in Ihrem Herzen, in den Lungen. Bedanken Sie sich für diese wunderbare Energie.
- Lächeln Sie in Ihre Leber unter den rechten Rippenbogen, lächeln Sie in den Magen etwas links von der Mitte unterhalb Ihres Zwerchfells.
- Lächeln Sie in die Bauchspeicheldrüse und in die Milz unter dem linken Rippenbogen.
- Genießen Sie diese lächelnde Energie noch ein wenig und bedanken Sie sich bei Ihren Organen. Lächeln Sie in Ihren Dünndarm und Dickdarm, die einen großen Teil des Bauchraums ausfüllen. Bedanken Sie sich bei ihnen für die Verdauungsarbeit, die sie täglich leisten, und lassen Sie die lächelnde Energie noch etwas wirken.
- Lächeln Sie in Ihre Nieren, die rechts und links neben der Wirbelsäule liegen. Bedanken Sie sich bei den Nieren und den darauf sitzenden Nebennieren für ihre Arbeit. Lassen Sie Ihr Lächeln die Nieren erwärmen. Die warme Energie des liebevollen Lächelns tut den Nieren gut.
- Lenken Sie Ihr Lächeln in die Blase und in die Ausscheidungsorgane. Bedanken Sie sich, dass sie Ihren Körper täglich von

Giften frei halten. Lächeln Sie ihnen zu und lassen Sie das Lächeln einen Moment in diesem Bereich wirken.

- Lächeln Sie Ihren Sexualorganen zu, lassen sie diese Organe durchströmt werden von der lächelnden Energie und bedanken Sie sich bei ihnen.
- Lassen Sie Ihr Lächeln durch den ganzen Körper fließen, erfüllen Sie jede Zelle mit Ihrem Lächeln.

Dynamische Entspannung

Diese Entspannung ist besonders für sehr angespannte, nervöse Menschen als Einstiegsübung zu empfehlen. Die einzelnen Teile des Körpers werden zuerst angespannt, einen kurzen Moment gehalten und dann wieder entspannt. Jede An- und Entspannung wird zweimal durchgeführt. Sie können sich selbst die mentale Anweisung »Anspannen und Entspannen« geben.

- Spannen Sie den rechten Fuß an, indem Sie die Zehen zum Körper ziehen, halten Sie die Spannung einen Moment und entspannen Sie den Fuß wieder.
- Drücken Sie das rechte Knie zum Boden, spannen Sie das ganze Knie an und lassen Sie es wieder los. Spannen Sie das ganze rechte Bein von der Hüfte bis zum Fuß an und entspannen Sie es wieder.
- Gehen Sie in der gleichen Weise mit dem linken Bein vor.
- Drücken Sie die Lendenwirbelsäule zum Boden, spannen Sie den unteren Rücken an und entspannen Sie ihn nach einer kurzen Weile wieder.
- Drücken Sie das rechte Schulterblatt zum Boden, die Spannung kurz halten und entspannen.
- Den rechten Arm anspannen, halten, entspannen.
- Die rechte Hand anspannen, die Finger lang dehnen, halten, lösen.
- Die Hand zur Faust ballen, halten, lösen.
- Das gleiche mit der linken Seite.
- Den Nacken lang dehnen, in Richtung Boden schieben und wieder entspannen.

- Spannen Sie die gesamte Gesichtsmuskulatur an, alle Muskeln zur Nase hin ziehen, halten und wieder loslassen.
- Zum Schluss den ganzen Körper anspannen, halten, entspannen.

Savasana – Die Yoga-Tiefenentspannung

- Legen Sie sich auf den Rücken, die Arme liegen locker neben dem Körper, Handflächen schauen nach oben, die Beine sind etwas gegrätscht, die Fußspitzen fallen locker nach außen.
- Schließen Sie die Augen, atmen Sie tief ein und aus und konzentrieren Sie sich auf den Atem, bis sich Ihre Gedanken von allem Äußeren lösen.

- Gehen Sie mit Ihrer Aufmerksamkeit durch den ganzen Körper und geben Sie Ihrem Körper Anweisungen zur Entspannung:
- Ich entspanne meinen rechten Fuß, die Zehen, den Mittelfuß, das Fußgewölbe, die Ferse – mein rechter Fuß, Zehen, Mittelfuß, Fußgewölbe und Ferse sind ganz entspannt.
- Ich entspanne meinen rechten Unterschenkel, das Knie, Kniekehle, Kniegelenk und den Oberschenkel – mein rechter Unterschenkel, das Knie, Kniekehle, Kniegelenk und Oberschenkel sind ganz entspannt.
- Ich entspanne meine rechte Hüfte – meine rechte Hüfte ist ganz entspannt.
- Ich entspanne meinen linken Fuß, die Zehen, den Mittelfuß, das Fußgewölbe, die Ferse – mein linker Fuß, Zehen, Mittelfuß, Fußgewölbe und Ferse sind ganz entspannt.
- Ich entspanne meinen linken Unterschenkel, das Knie, Kniekehle, Kniegelenk und den Oberschenkel – mein linker Unterschenkel, das Knie, Kniekehle und Kniegelenk und Oberschenkel sind ganz entspannt.
- Ich entspanne meine linke Hüfte – meine linke Hüfte ist ganz entspannt.
- Ich entspanne meine Gesäßmuskulatur – meine Gesäßmuskulatur ist ganz entspannt.

- Ich entspanne meine Rückenmuskulatur – meine Rückenmuskulatur ist ganz entspannt.
- Ich entspanne meine Bauchmuskulatur – meine Bauchmuskulatur ist ganz entspannt.
- Ich entspanne meine rechte Schulter – meine rechte Schulter ist ganz entspannt.
- Ich entspanne meinen rechten Oberarm, Ellbogen, Unterarm – mein rechter Oberarm, Ellbogen und Unterarm sind ganz entspannt.
- Ich entspanne meine rechte Hand, Handgelenk, Handfläche, Finger – meine rechte Hand, Handgelenk, Handfläche, Finger sind ganz entspannt.
- Ich entspanne meine linke Schulter – meine linke Schulter ist ganz entspannt.
- Ich entspanne meinen linken Oberarm, Ellbogen, Unterarm – mein linker Oberarm, Ellbogen, Unterarm sind ganz entspannt.
- Ich entspanne meine linke Hand, Handgelenk, Handfläche, Finger – meine linke Hand, Handgelenk, Handfläche sind ganz entspannt.
- Ich entspanne meinen Hals und Nacken – mein Hals und Nacken sind ganz entspannt.
- Ich entspanne meinen Kopf – mein Kopf ist ganz entspannt.
- Ich entspanne meine Augen und Augenlider – meine Augen und Augenlider sind ganz entspannt.
- Ich entspanne meine Nase – meine Nase ist ganz entspannt.
- Ich entspanne meinen Oberkiefer und Unterkiefer – Oberkiefer und Unterkiefer sind ganz entspannt.
- Ich entspanne meinen Mund, Lippen, Zunge – Mund, Lippen und Zunge sind ganz entspannt.
- Ich entspanne mein ganzes Gesicht – mein Gesicht ist ganz entspannt.
- Ich entspanne meinen ganzen Körper und lasse los von jedem Gedanken, jedem Gefühl, jedem Menschen – mein ganzer Körper ist entspannt.
- Ich bin ganz bei mir, ganz in meiner Mitte.

Führen Sie diese Entspannungsübung so oft wie möglich durch. Je besser Ihr Körper diese Übung kennt, umso leichter tritt die Entspannung ein, umso tiefer ist auch die Wirkung von *Yoga Nidra*.

Das Wichtigste in Kürze

- Die Fähigkeit zur Entspannung ist eine wesentliche Voraussetzung für körperliche, emotionale und mentale Gesundheit.
- Verspannungen sind oft unbewusst und deshalb wird die Notwendigkeit zur Entspannung oft lange nicht gesehen.
- Entspannungsübungen haben große Heilwirkungen im körperlichen und seelischen Bereich.
- Während der Entspannung produziert unser Gehirn die heilsamen Alpha-Wellen.
- Tiefenentspannung stärkt das Immunsystem. Entspannungsübungen sollten regelmäßig in den Tagesablauf eingebaut werden. Negativer Stress kann dadurch bereits im Frühstadium abgebaut und positive Ressourcen können aufgebaut werden.
- Tiefenentspannung stellt die Basis der *Yoga Nidra*-Praxis dar.

Energielenkung in den Körper – Nyasa

Der Sanskrit-Begriff *Nyasa* bedeutet »an den Ort bringen«. Im *Tantra-Yoga* handelt es sich dabei um rituelle Projektionen des Göttlichen in die einzelnen Körperteile. Diese Praktik wird bereits in den ältesten indischen Schriften, den *Upanishaden,* beschrieben. Der Bezug zwischen den Planeten und ihrer Energie und dem Menschen findet sich auch in den *Yoga Sutras* des *Patanjali*:
»Richte deine Aufmerksamkeit auf den Mond, so wirst du der Mond, richte deine Aufmerksamkeit auf die Sonne, so wirst du das Wesen der Sonne erkennen« usw.

Die Planeten werden zum Symbol der vielfältigen göttlichen Energie. Indem wir dieses Symbol durchdringen, finden wir zurück zur Einheit, die hinter der Vielfalt wirkt. Aber auch in der westlichen

Kultur kennen wir dieses Verständnis der Planeten. So waren beispielsweise für den Naturphilosophen und Astronomen Johannes Kepler (1571–1630) die Planeten oder Himmelskörper »mit einer Seele begabte Lebewesen«.

Mit Hilfe der *Nyasa-Praxis* werden die Energien der verschiedenen göttlichen Erscheinungsformen meist mit Hilfe eines *Mantras* (einer Silbe oder eines Wortes) in den Körper gelenkt. Jeder Teil des Körpers, ja, jeder Finger ist mit einem bestimmten Planeten oder einem Buchstaben des Sanskrit-Alphabets verbunden. Obwohl das zunächst für uns fremd klingt, kennen wir in der christlichen Kultur doch auch ähnliche Praktiken.

So ist die Energie des Heiligen Blasius mit dem Hals, die der Heiligen Apollonia mit den Zähnen verbunden. Der Blasius-Segen, bei dem zwei gekreuzte Kerzen während eines entsprechenden Gebets vor den Hals gehalten werden, bedeutet eine ähnliche Aufladung des jeweiligen Körperteils mit einer heiligen und heilenden Kraft. Ist der Gläubige auch noch ganz aufmerksam bei der Sache, hat er große Chancen, seine Gesundheit in diesem Bereich des Körpers zu festigen.

Nach dem Motto: »Energie folgt der Aufmerksamkeit« fließt die Energie und damit auch die Selbstheilungskraft verstärkt durch diesen Teil des Körpers. Die Materie wird vergeistigt. Der große indische Gelehrte Sri Aurobindo sieht die Heilung und Entwicklung der Menschheit genau in diesem Prozess: Das Supramentale (man könnte es als kosmische oder göttliche Energie bezeichnen) senkt sich in die Materie, in den Menschen hinein und »erleuchtet«, erhellt den Menschen und sein Bewusstsein.

Nachfolgend ein Beispiel, wie mit Hilfe der entsprechenden *Mantras* die Energie der Planeten auf die einzelnen Körperteile projiziert wird:

Aim Hrim Shrim Yam Ram Lam Vam – Mond auf das Zentrum zwischen den Augenbrauen

Aim Hrim Shrim Kam Kham Gam Gham Nam – Mars auf/in die Augen

Aim Hrim Shrim Cam Cham Jam Jham Nam – Merkur auf/in die
Ohren
Aim Hrim Shrim Tam Tham Dam Dham Nam – Jupiter auf den
Hals, den Kehlkopf
Aim Hrim Shrim Tam Tham Dam Dham Nam – Venus ins Herz
Aim Hrim Shrim Pam Pham Bam Bham Main – Saturn in den
Nabel

Ein faszinierender Gedanke: Wir müssen nicht den Körper verlassen, um mit den Sternen, mit den geistigen Kräften oder mit dem
Göttlichen Geist in Berührung zu kommen. Diese Kräfte kommen
herab und können sogar bewusst tief in den Körper gelenkt wer-
den. Der katholische Theologe Teilhard de Chardin beschreibt in
seinem Buch »Im Herzen der Materie das Herz eines Gottes« dieses
Vorgehen aus christlicher Sicht. In der Materie, im Körper, in der
Natur kommen wir mit dem Wirken Gottes in uns in Berührung.
Dieses Ziel verfolgten über Jahrhundert auch die Alchimisten: den
Geist in der Materie zu entdecken und zu veredeln war ihr Ziel.
Der Arzt und Naturforscher Paracelsus drückte das vor über
500 Jahren so aus: »Gott hat seine Geheimnisse / seinen Geist im
Stein und in den Samen verborgen. Unsere Aufgabe ist es, den ver-
borgenen Geist darin wieder zu entdecken.«
Mit Hilfe von *Nyasa* können wir erfahren, dass es keine wirkliche
Trennung zwischen Gott und Welt, zwischen Natur, Materie und
Mensch gibt.

Eine ähnliche Praktik des Lenkens der Energie in den Körper ist als
japanisches Heilströmen bekannt. Jin Shin Jyutsu bedeutet übersetzt: »Kunst des Schöpfers durch den mitfühlenden Menschen«.
Diese uralte Heilkunst beruht auf der dem Menschen innewohnen-
den Fähigkeit, sich selbst zu heilen. Dazu werden die einzelnen
Körperteile berührt und mit Hilfe des Atems wird die Lebensenergie dort in Fluss gebracht und verstärkt.
Wenn die Lebensenergie ohne Hindernisse fließt, befinden wir uns
in Harmonie und sind gesund.

Singen und Tönen als Vorbereitung auf Nyasa

Auch wenn es für den westlichen Menschen kaum möglich ist, die Sanskrit-*Mantras* aller Körperteile zu kennen, können wir doch die positive Wirkung des Singens und Tönens nutzen. Die häufigst gebrauchte Übersetzung des Sanskrit-Wortes *Mantra* lautet: »Anrufung«. In einer heiligen Silbe oder in einem entsprechenden Satz findet sich die Essenz einer dahinterliegenden Weisheit, wie der Samen in einer Frucht. Das *Mantra* ist sozusagen mit innewohnender Energie aufgeladen, die auf das Unbewusste wirkt und sich durch häufiges Wiederholen immer mehr entfaltet. Tönen wir zum Beispiel die entsprechenden *Mantras,* die den *Chakras* zugeordnet sind (siehe Seite 124), so wird die Aktivität in diesem Bereich erhöht.

Das bekannteste *Gayatri-Mantra,* in dem der sonnen- und lichthafte Aspekt des Göttlichen angerufen und verehrt wird, kann kaum übersetzt werden, es lautet in etwa:

»*OM,* die erdhafte, die luftige und die himmlische Sphäre.
Lasst uns meditieren über den erhabenen Sonnengeist des Göttlichen Schöpfers. Möge er unseren Geist lenken. *OM*«

OM enthält die gesamte Schwingung des Universums. Obwohl es *OM* geschrieben wird, wird der Laut wie ein AUM gesprochen. Das A wird an den Anfang gesetzt und ist fast unhörbar und wandelt sich dann in ein tiefes U. Dann schließt man die Lippen und endet mit einem nasalen M. Es symbolisiert die sichtbare und unsichtbare Welt. Es symbolisiert Schöpfung – Erhaltung – Zerstörung, den unendlichen Kreislauf.

In der *Katha-Upanishad* heißt es: »Das Selbst – sein Symbol ist OM – ist der Allweise. Nicht wird geboren er, noch stirbt er. Nicht Ursache ist er noch Wirkung. Der Uranfängliche, Eine, ist ungeboren, ewig, unsterblich.«

Wenn wir das *Mantra* OM aussprechen, verbinden wir uns mit dem Strom der Unendlichen Schwingung. Für Yoga-Übende eignet sich das OM gut, um *Yoga Nidra* einzuleiten und zu beenden.

Vokalatmung a-e-i-o-u im Sitzen

Diese Übung beruht auf der wichtigen Erkenntnis, dass die Schwingungen der einzelnen Vokale mit den Schwingungen bestimmter Körperteile oder Organe korrespondieren.
Tönen Sie jeden Vokal drei- oder siebenmal.

U-Vibrationen stärken unteren Bauchraum, unteren Teil der Wirbelsäule, Ausscheidungs- und Geschlechtsorgane

O   mittleren und oberen Bauchraum, mittleren Teil der Wirbelsäule, Bauchorgane

A   Brustraum, Brustwirbelsäule, Organe im Brustbereich

E   Hals, Halswirbelsäule, Kehlkopf

I   Kopf, Gehirn

Sie können diese Energie durch entsprechende Affirmationen (d. h. Bestätigungen) unterstützen.

- Setzen Sie sich aufrecht hin, atmen Sie etwa 3 bis 5 Minuten ruhig und gleichmäßig.
- Konzentrieren Sie sich auf den Unterbauch und lassen Sie den Bauch dabei locker.
- Atmen Sie ein und halten Sie den Atem ein bis zwei Sekunden, bevor Sie mit einem tiefen U ausatmen. Stellen Sie sich das U wie eine Schale vor, die im Unterleibsbereich ruht. Wiederholen Sie im Inneren »Energie in meinen ganzen unteren Bauchraum«.
- Lenken Sie die Aufmerksamkeit auf den mittleren Bauchbereich um den Nabel und tönen Sie dreimal ein offenes O (wie bei Sonne). »Energie in meinen ganzen mittleren Bauchraum«.
- Gehen Sie weiter zum Herzbereich und tönen Sie ein kräftiges A. »Energie in meinen Brustkorb, in meinen Herzbereich.«
- Lassen Sie in Ihrer Vorstellung den Hals ganz offen und weit werden und tönen Sie ein E. »Energie in meinen Halsraum«.
- Konzentrieren Sie sich auf den Bereich zwischen den Augen, das sogenannte Dritte Auge und tönen Sie ein hohes I. »Energie in meinen Kopf«.

Eine weitere Tön-Übung, bei der Sie interessante Erfahrungen machen können, ist das Tönen des eigenen Vornamens. Tönen Sie zuerst jeden einzelnen Buchstaben eine ganze Weile lang, hoch und tief, laut und leise. Dann formen Sie den ganzen Namen und tönen ihn ebenfalls in allen möglichen Arten.

Während *Yoga Nidra* können Sie die einzelnen Buchstaben oder Ihren ganzen Namen auf die einzelnen Körperteile projizieren. Nehmen Sie sich Zeit dafür, der Wirkung nachzuspüren.

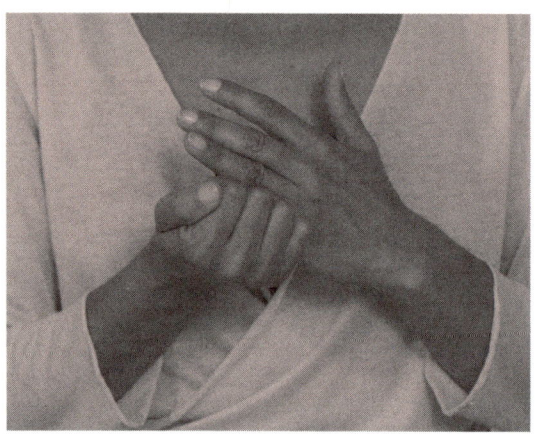

Nyasa-Vorübung

Mit dieser Vorübung verbessern Sie Ihre Körperwahrnehmung und tun sich darüber hinaus Gutes, denn jede wohltuende Berührung wirkt immunstärkend. Die angenehmen Gefühle auf der Haut werden ans Gehirn gemeldet und führen zur Ausschüttung immunstimulierender Substanzen.

Setzen Sie sich bequem und aufrecht hin und schalten Sie äußere Störquellen so weit wie möglich aus.

Benennen Sie alle nachfolgenden Körperteile, die Sie berühren.
- 🎙 Umfassen Sie Ihren rechten Daumen und sagen Sie im Innern: mein rechter Daumen.
- 🎙 Umfassen Sie den rechten Zeigefinger und sagen Sie: mein rechter Zeigefinger;
- 🎙 fahren Sie fort: Mittelfinger, kleiner Finger, Ringfinger
- 🎙 Handfläche, Handrücken, Handgelenk – meine rechte Hand.
- 🎙 Streichen Sie über Ihren rechten Unterarm, Ellbogen, Oberarm – mein rechter Arm
- 🎙 rechte Schulter, Schultergelenk, rechte Achselhöhle, rechte

Seite des Brustkorbs – meine rechte Schulter, Schultergelenk, Achselhöhle, Brustkorb

🔹 rechte Taille, Hüfte, Hüftgelenk – meine rechte Taille, Hüfte, Hüftgelenk

🔹 rechter Oberschenkel, Knie, Unterschenkel – mein rechtes Bein

🔹 rechtes Fußgelenk, Fußrücken, großer Zeh, zweiter, dritter, vierter und kleiner Zeh – mein rechter Fuß.

🔹 Umfassen Sie Ihren linken Daumen und sagen Sie im Innern: mein linker Daumen.

🔹 Umfassen Sie den linken Zeigefinger und sagen Sie: mein linker Zeigefinger;

🔹 fahren Sie fort: Mittelfinger, kleiner Finger, Ringfinger

🔹 Handfläche, Handrücken, Handgelenk – meine linke Hand.

🔹 Streichen Sie über Ihren linken Unterarm, Ellbogen, Oberarm – mein linker Arm

🔹 linke Schulter, Schultergelenk, linke Achselhöhle, linke Seite des Brustkorbs – meine linke Schulter, Schultergelenk, Achselhöhle, Brustkorb

🔹 linke Taille, Hüfte, Hüftgelenk – meine linke Taille, Hüfte, Hüftgelenk

🔹 linker Oberschenkel, Knie, Unterschenkel – mein linkes Bein

🔹 linkes Fußgelenk, Fußrücken, großer Zeh, zweiter, dritter, vierter und kleiner Zeh – mein linker Fuß.

🔹 Streichen Sie, soweit es Ihnen möglich ist, über Ihre Körperrückseite – meine Körperrückseite

🔹 über den Hals, den Hinterkopf, den Scheitel – mein Hals, Hinterkopf, Scheitel

🔹 über die Stirn, Augenbrauen, Augenlider, Oberkiefer, Nase, Mund, Unterkiefer, Ohren, Kinn – mein ganzer Kopf, mein Gesicht.

Sie können diese Übung noch intensivieren, in dem Sie sich die Energie, die Sie in die einzelnen Körperteile lenken, als Farbe oder Licht vorstellen. Nicht selten stellt sich dabei ein Pulsieren oder eine Wahrnehmung von Wärme ein.

Je öfter Sie *Nyasa* zum Beispiel während des Tages üben, umso leichter stellt sich der Erfolg von *Yoga Nidra* ein. Sie können während einer Straßenbahnfahrt Energie in Ihre Hände oder Arme lenken oder in der Mittagspause Füße und Beine mit neuer Energie versorgen.

Das Wichtigste in Kürze

- Tönen wirkt entspannend auf den ganzen Menschen und macht den Körper durchlässiger für die *Nyasa*-Übung.
- Das Tönen von Vokalen wirkt entspannend und bringt gleichzeitig Energie in die einzelnen Körperbereiche.
- *Nyasa* ist eine Praxis aus dem tibetischen *Tantra Yoga*. Es bedeutet: den Geist auf etwas richten.
- Ursprünglich wurden mit Hilfe entsprechender *Mantras* die Energien der verschiedenen göttlichen Inkarnationen auf den Körper projiziert. Dabei wurde jeder Teil des Körpers unter den Schutz einer bestimmten Gottheit gestellt (ähnlich wie wir es im Christentum von den Heiligen kennen, die ebenfalls für den Schutz bestimmter Körperbereiche zuständig sind).
- Eine wichtige Funktion hat der Atem. Er ist das »Fahrzeug«, mit dem die Energie an den entsprechenden Platz gelenkt wird.
- *Nyasa* verbessert die Körperwahrnehmung, führt zu einer vertieften Entspannung und öffnet das Bewusstsein in tiefere Schichten.

Das »Zauberwort« – Sankalpa

Was ist ein Sankalpa und wofür setzen wir es ein?

Das Sanskrit-Wort *Sankalpa* bedeutet so viel wie Lösung oder Auflösung. In der *Yoga Nidra*-Praxis ist damit ein positiv nach vorne gerichteter Satz gemeint. In ihm wird die neue Qualität ausgedrückt, die wir nach Auflösung eines alten Musters verwirklichen möchten. Das *Sankalpa,* das von Ihnen selbst formuliert sein muss, sollte einen Wunsch oder ein Ziel ausdrücken, das gerade jetzt in Ihrem Leben Bedeutung hat und für Ihre Entwicklung wichtig ist. Dieses *Sankalpa* sollte so lange beibehalten werden, bis der gewünschte Erfolg eingetreten ist.

In dieser Praxis richten wir die Aufmerksamkeit nicht auf das Problem, sondern auf seine Lösung, die wir so oft vergeblich erhoffen. Wie oft wünschen wir uns, alte Verhaltensmuster auflösen, Dinge oder Menschen, Schmerz oder Leid loslassen zu können. Obwohl wir immer die Wahl haben, uns von etwas zu lösen, was uns unglücklich oder krank macht (und sei es nur von einem entsprechenden Gedanken), sagen wir oft: »Ich kann dies oder das nicht ändern«. In Wirklichkeit heißt das meistens: »Ich will es nicht ändern«, weil mir das Schwere, Traurige, Negative so vertraut ist oder weil auch das Negative einen Gewinn bringt. »Die bekannte Hölle ist uns oft lieber als der unbekannte Himmel«, wie es schon in der griechischen Philosophie heißt. Oder wie Charles Garfield in dem Film Bleep sagt: »Der einzige Unterschied zwischen eingefahrenen Gleisen und einem Grab ist die Tiefe.« Dahinter steckt das tief verwurzelte Bedürfnis, dass das Leben sich nach unseren Vorstellungen richten möge. Sich zu entwickeln, heißt deshalb zu unterscheiden, was ich im Äußeren ändern kann und wo ich meine Einstellung dazu ändern muss. Die Entscheidung, etwas oder sich zu verändern, muss aus dem tiefsten Innersten kommen, wenn sie wirksam sein soll. Wäre eine reine »Kopf-Entscheidung« ausreichend, würden alle guten Vorsätze

> *»Die größte Entdeckung jeder Generation liegt darin, dass die Menschen ihr Leben ändern können, indem sie ihre Geisteshaltung ändern.«*
>
> A. Schweitzer

auch zum Ziel führen. Die Entscheidung oder der Entschluss brauchen die Zustimmung aus dem Unbewussten. Dort sitzen die Widerstände, Ängste und die alten Muster, die sich in unser Gehirn eingegraben haben wie die Rillen in einer Schallplatte. Im Unbewussten schlummern allerdings auch die Ressourcen, die positiven Kräfte und die hilfreichen inneren Bilder. Der Zugang zum Unbewussten erschließt sich über Träume, in der tiefen Entspannung, während der Meditation oder in besonderer Weise während *Yoga Nidra*. Dabei tauchen nicht selten Bilder aus tiefen Schichten ganz spontan auf und zeigen uns, was uns wirklich bewegt.

Häufig fehlt uns jedoch der Zugang, vor allem zu den positiven Ressourcen des Unbewussten. Dann haben wir das hilflose Gefühl, keine Wahl zu haben, festgelegt zu sein. Keine Wahl zu haben, bedeutet zum einen, den eigenen dauernd wechselnden Bedürfnissen ausgesetzt zu sein und damit leicht in die Suchtfalle zu geraten, zum anderen den Menschen ausgeliefert zu sein, die über einen starken Willen verfügen. Eine Patientin, die an Krebs litt, sagte mir unter Tränen, dass Sie sich eigentlich aus ihrer bedrückenden familiären Situation befreien muss, um gesund werden zu können.

Jeder Versuch, sie darin zu unterstützen, schlug fehl. Die Information aus ihrem Unbewussten war stärker. »Es fällt mir so schwer, meine Meinung zu sagen, abzulehnen, Nein zu sagen; ich glaube, zu sterben wäre leichter als diesen Weg zu gehen«, äußerte sie mehrmals. Leider behielt sie diese Überzeugung auch bis zum Ende bei. Ob sie überlebt hätte, wenn sie einen mutigen Schritt in die eigene Freiheit getan hätte, wissen wir nicht. Aber es wäre einen Versuch wert gewesen, die Erfahrung einer neuen Freiheit zu machen: der Freiheit, zu entscheiden.

Roberto Assagioli, ein italienischer Psychiater, schreibt in seinem Buch ›Die Entwicklung des Willens‹, wie wichtig es für die menschliche Entwicklung ist, eigene Entscheidungen zu treffen, es so und nicht anders zu machen. Ist eine solche Entscheidung erst einmal getroffen, bedarf sie über einen längeren Zeitraum einer Festigung und Bestätigung. Dabei kommt mir die Geschichte einer

Patientin in den Sinn, die über Jahre an Magersucht litt. Mit Hilfe von *Yoga Nidra* erlebte sie zum ersten Mal eine tiefe Ruhe, die sich von einer zunächst körperlichen Erfahrung immer mehr zu einer ganzheitlichen entwickelte. Zunächst dauerte diese innere Ruhe nur wenige Sekunden, erst durch geduldiges Üben konnte sie den Zeitraum ausdehnen. Es dauerte Monate, bis sie diese innere Ruhe auch beibehalten konnte, wenn sie das Gefühl hatte, ihrem Körper wieder einmal jede Nahrung verweigern zu müssen, bis sie dem Druck standhalten konnte, den sie durch die Sucht erlebte. Assagioli empfiehlt deshalb eine tägliche positive Selbstbestätigung, um das Ziel zu festigen und den Willen zum Durchhalten zu stärken. Dabei sollte man den Anteil in sich stärken, der bei der jeweiligen Problematik am hilfreichsten ist: die innere Ruhe auch in stürmischen Zeiten, die Gelassenheit, das Vertrauen, die innere Sicherheit.

So entwickeln wir immer mehr das Vertrauen in unsere Fähigkeit, die Verantwortung für das eigene Leben zu übernehmen, indem wir uns von dem trennen, was uns krank macht, uns behindert und blockiert.

Das Wichtigste ist das Vertrauen, dass es in uns eine Kraft gibt, die alle Erfahrungen unseres Lebens steuert und ordnet. Die gestaltende Kraft, die aus dem Apfelkern verlässlich einen Apfelbaum werden lässt, wirkt auch in uns. Das Selbst, wie C. G. Jung diese alles anordnende Kraft genannt hat, die hinter unserem Ich steht, ist verbunden mit der kosmischen oder göttlichen Schöpfungskraft. Das Vertrauen in diese Kraft kann erschüttert werden, aber sie geht nie wirklich verloren. Je öfter wir uns in einen tiefen Entspannungszustand begeben und die Alpha-Ebene erreichen, umso leichter werden wir die Verbindung spüren und unser Vertrauen erhalten oder wiederfinden.

Das nachfolgende Zitat von C. G. Jung zeigt vor allem die positiven Seiten dieser dauernden Arbeit an der eigenen Veränderung: »Die großen Lebensprobleme sind nie auf immer gelöst, sind sie es einmal anscheinend, so ist es immer ein Verlust. Ihr Sinn und Zweck scheint nicht in ihrer Lösung zu liegen, sondern darin, dass wir unablässig an ihnen arbeiten. Das alles bewahrt vor Stagnation und Versteinerung.«

Wie das Sankalpa wirkt

Das *Sankalpa* wird während der Tiefenentspannung mehrmals gesprochen und wie ein Samen im Unbewussten verankert. Dort entfaltet es bereits beim ersten Mal seine Wirkung. Es verbindet sich mit Kräften, die im Unbewussten vorhanden sind, und nimmt von da aus seinen Weg ins Bewusstsein, wirkt in Alltagssituationen und verändert langsam die Einstellung in dieser Angelegenheit. Allerdings braucht es Zeit, bis aus dem kleinen Samen eine kraftvolle Pflanze wird. Durch Wiederholung prägt es sich so ein, dass immer wieder Botschaften aus dem Unbewussten an unser Bewusstsein gegeben werden, die gewünschte Situation herbeizuführen. Je präziser es formuliert ist, umso besser wird es wirken.

Wie Sie in dem Kapitel, das sich mit den Erkenntnissen der Gehirnforschung beschäftigt, nachlesen können, wirken Gedanken und Gefühle auf den ganzen Körper, beeinflussen Durchblutung, Aktivitäten des Nervensystems und Hormonausschüttung. Ihr ganzer Organismus wird sich auf dieses *Sankalpa* einstellen und versuchen, die darin enthaltene Botschaft umzusetzen. Sie werden bereits nach einiger Zeit (nach Tagen oder Wochen) feststellen, dass Sie immer öfter anders reagieren als vorher oder zum Beispiel immer weniger das Bedürfnis nach dem Suchtmittel haben, von dem Sie mit Ihrem *Sankalpa* freiwerden wollen. Hören Sie dann nicht auf, sondern vertiefen Sie *Yoga Nidra* immer mehr, bis Ihr Unbewusstes die Botschaft völlig integriert hat.

Wie das Sankalpa formuliert werden soll

Diese Frage ist nicht eindeutig zu beantworten. Immer gilt allerdings, dass es positiv und nach vorne gerichtet formuliert wird und das Wort »nicht« möglichst vermieden werden soll.

Ob Sie »Ich bin«- oder »Ich werde«-Botschaften verwenden, müssen Sie selbst entscheiden. »Ich bin« ist eine äußerst wirksame Formulierung mit tiefgreifender Wirkung, drückt es doch etwas aus, das mit unserem ganzen Wesen verbunden ist. Im Alltag verwenden wir diese Formulierung meist achtlos und speichern sie damit im Unbewussten. »Ich bin müde, ich bin hungrig, ich bin gestresst, genervt, urlaubsreif.« Es scheint, als ob unser ganzes Wesen hungrig, müde oder genervt sei.

Wie würde es sich anhören, zu sagen: »Ich bin ein glücklicher Mensch und habe im Moment etwas Stress.« Oder: »Ich bin ein gesunder Mensch und habe im Moment etwas Kopfschmerzen.« In den alten religiösen Traditionen wird das »Ich bin« oder »Ich bin, der ich bin« der göttlichen Präsenz zugesprochen. Dieses göttliche »Ich bin in uns« sprechen wir auch an, wenn wir unser *Sankalpa* in dieser Weise formulieren. Deshalb ist es eben auch wichtig, mit dem *Sankalpa* Ziele zu wählen, die für die Entwicklung wichtig sind und einen Fortschritt bringen. »Ich bin selbstbewusst. Ich bin vertrauensvoll.« Oder: »Ich habe ein tiefes Urvertrauen. Ich bin konfliktfähig.« Damit ist immer das ganze Sein angesprochen. Und alle Teile, Körper, Seele und Geist sind aufgerufen, es zu verwirklichen.

In jedem Fall muss die Formulierung für Sie stimmig klingen. Fühlen Sie sich wohler mit der Formulierung »ich will« oder »ich werde«, so wählen Sie diese.

Wie Sie praktisch vorgehen, um Ihr Sankalpa zu finden

1. Sie wissen bereits, wovon Sie sich lösen, was Sie loslassen wollen, und sind deshalb in der Lage, Ihr *Sankalpa* zu formulieren. Wählen Sie ein Wort oder einen kurzen prägnanten Satz, der so genau wie möglich zu Ihnen und Ihrer jeweiligen Situation passt. Lassen Sie sich also Zeit dafür, bis Sie die richtige Wortwahl gefunden haben. Wichtig ist, dass dieser Satz eine positive Emotion bei Ihnen auslöst. Besonders wirkungsvoll ist es, das *Sankalpa* mit einem inneren Bild, einer positiven Vorstellung, zu verbinden. Wort und Bild wirken um ein Vielfaches energetischer und erfolgreicher.

2. Sie wissen zwar, dass Sie etwas in Ihrem Leben ändern möchten; fühlen sich irgendwie blockiert, Ihr Leben stagniert, Sie können das Problem nicht genau benennen.

- Benutzen Sie – um das Richtige zu finden, die Praxis des *Antar Mouna,* wie sie auf Seite 69 beschrieben ist. Lassen Sie Gedanken oder auch Bilder auftauchen von unangenehmen Situationen in Ihrem Leben, von Blockaden und Widerständen. Daraus ergibt sich dann meist ein drängender Wunsch, was Sie gerne verwirklichen möchten, um diese Schattenseite mit Licht zu erfüllen.

- Nehmen Sie sich einen Nachmittag (halben Tag, ein paar Stunden …) Zeit, um eine Bestandsaufnahme zu machen. Betrachten Sie Ihr Leben wie von außen. Was fällt Ihnen auf? Stellen Sie sich Fragen wie:

- Was macht mich zufrieden an meiner jetzigen Lebensgestaltung?

- Womit bin ich unzufrieden?

- Unter welchen körperlichen Symptomen leide ich und worauf könnten mich diese Beschwerden hinweisen (Körpersprache, symbolische Bedeutung)?

- Was würde sich mein Körper/meine Seele wünschen, wenn sie eine Stimme hätten?

- Was muss ich ändern/loslassen, um zufriedener zu sein?

- Welche Verhaltensweisen anderer Menschen machen mir Probleme und welche Botschaft könnte dabei für mich verborgen sein?

Lesen Sie alles noch einmal durch und entscheiden Sie, welches *Sankalpa* Ihnen jetzt geeignet erscheint, um eine Veränderung herbeizuführen. Gehen Sie so vor, wie unter Punkt 1. beschrieben.

Beispiel: Ärgert es Sie, wenn andere immer ihren Willen durchsetzen, während Sie Schwierigkeiten haben, einmal Nein zu sagen? Wählen Sie ein *Sankalpa,* das am deutlichsten ausdrückt, was Sie sich in diesem Zusammenhang wünschen:

»Meine Willensstärke hilft mir, mich abzugrenzen.«
»Ich sage Nein, wenn es notwendig ist.«
»Ich bleibe bei mir und meiner eigenen Wahrnehmung.«

3. Sie wissen nicht genau, welches *Sankalpa* wirklich wichtig für Sie ist und lassen den richtigen Satz während einer Meditation auftauchen.

Meditationen zum Finden Ihres Sankalpas

- Setzen Sie sich bequem und aufrecht in den Meditationssitz oder auf einen Stuhl.
- Schließen Sie die Augen. Seien Sie sich Ihres Körpers und Ihres Atems bewusst. Lenken Sie Ihre Aufmerksamkeit auf den Atem. Nehmen Sie wahr, wie der Atem durch die Nase nach innen strömt, sich im Körper verbreitet und lassen Sie den Atem wieder los.

Die Blüte entdecken

- Stellen Sie sich selbst als eine Blume vor. Nehmen Sie wahr, wie tief ihre Wurzeln in die Erde gegraben sind. Lassen Sie sich Zeit, diese Wurzeln zu spüren. Sind sie fein oder dick? Wie tief sind sie im Erdreich vergraben?
- Gehen Sie dann in Ihrer Vorstellung in den Stängel Ihrer Blume. Nehmen Sie wahr, wie viele Blätter aus dem Stängel herauskommen. Sind die Blätter dick, weich, glatt, hart? Und wie fühlt sich der Stängel an? Ist er rund oder etwas kantig? Glatt oder mit kleinen Haken besetzt?
- Nehmen Sie jede Kleinigkeit wahr, bis Sie mit Ihrer Aufmerksamkeit zur Blüte kommen. Stellen Sie sich vor, dass die Blüte noch nicht voll entfaltet ist. Einige Blütenblätter sind noch ganz geschlossen und warten auf ihre Entfaltung. Stellen Sie sich

jetzt die Frage, welches Blatt, welche Seite, welche Anteile in Ihnen sich jetzt entfalten möchten wie ein Blütenblatt.

- Warten Sie so lange, bis ein Impuls, eine Botschaft aus Ihrem Inneren kommt.
- Stellen Sie sich jetzt vor, wie sich das entsprechende Blütenblatt, das Sie mit »Mut«, »Kraft« oder »Selbstwertgefühl« benannt haben, langsam öffnet.
- Dieses samtene Blütenblatt ist ein glückverheißender Aspekt Ihrer eigenen Persönlichkeit. Erkennen Sie ihn! Würdigen Sie die Qualität und sehen Sie in dieser Blume, in dieser Blüte den ganzen Reichtum, den Sie in Ihrem Inneren tragen und jetzt ein Stück weiter nach außen bringen.
- Lösen Sie sich von diesem Bild, bedanken sich bei der Blume und nehmen Sie wieder bewusst Ihren Körper und Ihren Atem wahr.

Formulieren Sie aus dieser Erfahrung heraus Ihr *Sankalpa* und gehen Sie wie unter Punkt 1. beschrieben vor.

Überprüfen Sie Ihr *Sankalpa* während *Yoga Nidra* und lassen Sie gegebenenfalls aus dem Unbewussten während der Übung eine neue Formulierung auftauchen.

Ändern Sie die Formulierung, wenn Sie nach einiger Zeit feststellen, dass sie nicht wirklich kraftvoll ist oder keine positiven Gefühle hervorruft.

Ich möchte dazu die Geschichte einer Patientin beschreiben, die unter einem Alkoholproblem litt. Sie wählte als *Sankalpa:* »Ich kann auch ohne Alkohol leben und fühle mich dabei sehr wohl«. Schon nach wenigen Tagen vergaß sie den Satz. Sie bat mich, Ihr beim Finden einer besseren Formulierung zu helfen. Wir versuchten zuerst herauszufinden, in welchen Lebenssituationen sie zum Alkohol griff. Nachdem sie bereits eine längere, aber leider in diesem Punkt erfolglose Therapie hinter sich hatte, konnte sie es ziemlich genau beschreiben: Immer wenn sie sich einsam und ausgeschlossen fühlte, neigte sie zum Trinken. Jetzt war klar, dass sich ihr *Sankalpa* auf diese Situation beziehen muss. Die Formulierung

»In meinem Innersten bin ich nie allein, bin mit allem verbunden« entstand daraus. Als Bild wählte sie eine der wenigen positiven Erinnerungen an ihre Kindheit im Garten der Großeltern. Dort konnte sie stundenlang spielen, auch wenn niemand in sichtbarer Nähe war. Sie wusste, dass die Oma im Haus war, und so fühlte sie sich geborgen. Schon nach wenigen Wochen zeigt sich Erfolg, der sich nicht nur auf das Nicht-Trinken bezog, sondern auf ihr gesamtes Lebensgefühl.

Fragen, die auftauchen können

Ich kann mich nicht entscheiden, da es mehrere Dinge gibt, die ich verwirklichen möchte?

Stellen Sie sich die einzelnen Situationen oder Qualitäten, die Sie mit Hilfe des *Sankalpa* verwirklichen möchten, genau vor. Sie werden spüren, wohin Sie Ihr Herz zieht. Sicher gibt es einen Wunsch, der relativ spontan auftaucht, wenn Sie sich etwas Zeit für sich nehmen. Nehmen wir einmal an, es ist »Mut«, den Sie sich wünschen. Sie möchten mit Ihrem *Sankalpa* lernen, Ängste zu überwinden, mutiger und selbstbewusster oder selbstbestimmter zu werden. Schließen Sie für einen Moment die Augen und stellen Sie sich folgende Frage: »Wie wäre es, wenn ich mutiger wäre?« oder: »Was würde es für mein Leben bedeuten, wenn ich weniger Angst hätte?« Lassen Sie sich Zeit, zur Beantwortung dieser Frage Ihr derzeitiges Leben ein Stück weit vor den inneren Augen auftauchen zu lassen. Was würde sich ändern, wenn Sie mehr Mut hätten? Vielleicht taucht als Antwort auf diese Frage auf: »Ich würde endlich etwas in Angriff nehmen, eine Ausbildung, eine Weiterbildung, Kontakt mit jemandem aufnehmen, wozu ich bisher noch keinen Mut hatte. Ich würde eine Abenteuer-Reise machen oder meinen derzeitigen Job aufgeben. Ich wäre fröhlicher und freier, weniger schüchtern und ängstlich. Ich würde mit meinem Chef über etwas sprechen, was mich schon lange bedrückt. Ich würde mich in meiner Partnerschaft mehr auseinandersetzen und wäre in der Lage, mich der Wahrheit zu stellen, auch wenn sie unangenehm ist.«

Versuchen Sie, diese Antworten nicht nur innerlich zu hören, sondern auch zu fühlen. Stellen Sie sich das, was Sie tun würden, so bildlich wie möglich vor, bis sich ein Gefühl dazu einstellt. Versuchen Sie dann, diese Gefühle auch im Körper wahrzunehmen, achten Sie dabei auf den Atem und auf Ihr gesamtes Wohlbefinden. Vielleicht nehmen Sie ein tiefes Aufatmen und eine Entspannung in Ihren Schultern wahr. Auf diese Weise können Sie herausfinden, welches *Sankalpa* jetzt für Sie richtig ist, indem Sie sich ganz konkret vorstellen, was Sie gewinnen, wenn es sich verwirklicht. Denn das, was Sie sich tief im Inneren wünschen, worauf Sie Ihren Willen richten, weil es für Sie mit einem positiven Gefühl, mit einem Gefühl der Befreiung und Entspannung verbunden ist, das werden Sie erreichen.

Stellen Sie sich zum Beispiel einen jungen Baum vor, der dabei ist, seine ganze Fülle zu entfalten, aber dabei behindert wird von einem Band oder einem Seil, das um ihn herumgeschlungen ist, so dass er seine Äste nicht wirklich ausbreiten kann. Oder stellen Sie sich eine kleine Pflanze vor, die durch zu viel Unkraut um sie herum behindert wird, sich zu entfalten. Forschen Sie ein wenig in sich, ob es etwas gibt, was Sie behindert, Ihre Ressourcen und Talente zu entfalten.

Eine Patientin nannte das Unkraut, das in ihrer inneren Vorstellung bei dieser Frage auftauchte: »Faulkraut«. Als ich erstaunt nachfragte, erklärte sie mir, wann immer sie einen Impuls habe, in ihrem Leben etwas zu ändern, tauche eine Stimme auf, die ihr sage, dass eigentlich alles zu mühsam sei und sie es deshalb gleich wieder lassen solle. Sie entschied sich, mit Hilfe eines *Sankalpa* die Faulheit loszulassen. Sie erkannte bald, dass Sie trotzdem nicht auf ein gewisses Maß an Bequemlichkeit zu verzichten braucht, was die Wirksamkeit Ihres Entschlusses sicher erhöhte.

Sich selbst zu entfalten, die eigenen Talente in einem größtmöglichen Maße zu leben, ist keinesfalls ein egoistischer Prozess. Wer selbst glücklich ist, die eigene Fülle lebt, wird ganz natürlich überströmen und diese Fülle anderen zuteil werden lassen. Dieser

Mensch hat es nicht nötig, emotional oder materiell von den Energien anderer zu leben, sondern kann im Gegenteil geben, anstatt nur nehmen zu wollen.

Lassen Sie sich Zeit, schließen Sie die Augen und spüren Sie der Frage nach, wovon Sie sich lösen oder befreien möchten.
Wieder möchte ich das Beispiel einer Kursteilnehmerin heranziehen, um das zu verdeutlichen. Die etwa 40-jährige Frau hat seit 20 Jahren ein Magersuchtsproblem. Mit Hilfe Ihres *Sankalpa* wollte sie sich davon befreien und so formulierte sie diesen Wunsch »Ich bin frei von meiner Abhängigkeit und meiner Essensproblematik«. Nach einiger Zeit stellte sie fest, dass dieses *Sankalpa* keine wirkliche Kraft in ihr entfaltete. Auf meine Empfehlung hin versuchte sie herauszufinden, wie sie das *Sankalpa* so formulieren könnte, dass es mehr die tiefen Schichten ihres Bewusstseins erreichen kann. Als sie sich fragte, wovon sie sich lösen wollte, kam spontan das Wort »Kränkung«. Ihr wurde bewusst, dass sie immer dann mit Nahrungsentzug oder Erbrechen reagierte, wenn sie sich nicht wahrgenommen, missverstanden, getadelt und gekränkt fühlte. Das war scheinbar sehr oft der Fall. Damit verlor sie den Boden unter den Füßen, die Ess-Störung war ihr einziger Vertrauter, ihr »verlässlicher Freund«, wie sie selbst formulierte. Ihr *Sankalpa* wandelte sie jetzt um in: »Ich finde mich gut. Ich bin zufrieden mit mir.« Eine spätere Formulierung hieß: »Ich ruhe in mir«, »ich vertraue mir«. Sie merkte, dass sie nach einigen Monaten in entsprechenden Situationen anders reagierte als früher. Der Impuls, sich in gewohnter Weise abzuwerten, sich ausgeschlossen und gekränkt zu fühlen, war noch immer da, aber gleichzeitig wuchs eine innere Kraft, die ihr über echte oder vermeintliche Kränkungen hinweghalf. Allerdings war ihr bewusst, dass es lange dauern würde, bis sie sich sicher, gefestigt und stabil fühlen würde.

Immer wenn ich glaube eine richtige Formulierung gefunden zu haben, tauchen sofort wieder Zweifel auf. Wie werde ich mit diesen Zweifeln fertig?

Zweifel sind anfangs völlig normal, zumal diese Praxis ja zu einfach klingt, um wahr zu sein. Machen Sie sich bewusst, dass alle großen Wahrheiten letztlich einfach sind. Vertrauen Sie der Lebenskraft, die immer Ihr Bestes will, sonst wären Sie nicht mehr am Leben. Entscheiden Sie sich, sich trotz aller Zweifel auf eine neue Erfahrung einzulassen, indem Sie eine Zeitlang bei der einmal gewählten Formulierung bleiben. Jede Wiederholung Ihres *Sankalpa* wird Sie mehr mit Ihren inneren Ressourcen vertraut machen.

Denken Sie daran, dass jede neue Erfahrung, die Sie durch die Verwirklichung eines *Sankalpa* machen, Sie mehr an Ihre Intuition glauben lässt. Jede positive Erfahrung stärkt Ihr Selbstvertrauen und Ihr Selbstwertgefühl. Geben Sie also einer solchen Erfahrung eine Chance. Ich erinnere mich dabei an eine Kursteilnehmerin, deren *Sankalpa* lautete: »Ich bin konfliktfähig.« Ursprünglich hatte sie gesagt: »Ich will konfliktfähiger werden.« Erst nach einigen Wochen konnte sie es klar und deutlich als »Ich bin«-Botschaft formulieren. Da sie ebenfalls zweifelte, ob das ihr tiefstes inneres Bedürfnis in dieser Lebenssituation sei, machte Sie sich die positiven Auswirkungen der Konfliktfähigkeit deutlich und spürte, dass sie dieses Ziel wirklich anstrebte. Die Vorstellung, nicht mehr jedem Konflikt ausweichen und sich innerlich verbiegen zu müssen, empfand sie als ungeheuer erlösend. Das alte Muster, auszuweichen, zu schwindeln und Ausweichmanöver zu benutzen, klebte an ihr »wie eine zähe Masse«.
Wollte Sie sich als Kind oder Jugendliche davon befreien, indem sie schwierige Situationen ansprach, erntete sie nur Unverständnis, keiner schien so zu fühlen wie sie. Mit der Zeit verlor sie dadurch immer mehr das Vertrauen in ihre Wahrnehmung und fügte sich in das Familienmuster. Spontan fielen ihr all die Personen ein, mit denen sie noch etwas zu klären hatte. Bereits nach einigen Wochen erlebte sie eine deutliche Wandlung. Sie machte dabei gute Erfahrungen mit ihren Mitmenschen. Die meisten empfanden ihre offenere Haltung als positiv und bestärkten sie auf ihrem Weg und

entschlossen sich, durch ihre Veränderung ermutigt, selbst an den eigenen Mustern zu arbeiten.

Nicht zuletzt dient das *Sankalpa* dazu, das zu erfüllen, was sich Ihre Seele vorgenommen hat, als sie in dieses Leben getreten ist. Liebe und Spiritualität, Weisheit und Kraft, Nachgiebigkeit und Macht miteinander zu verbinden, in dem Sinn, wie Assagioli es anspricht, entspricht zutiefst der Vorstellung, die im *Tantra*-Yoga vertreten wird:

Alles ist miteinander verwoben, hat seinen Platz und kann genutzt werden, um sich und die Welt weiterzuentwickeln.

Das Wichtigste in Kürze

- Wählen Sie das *Sankalpa* selbst, damit es Ihrer Person und aktuellen Situation angemessen ist.
- Verbinden Sie das *Sankalpa* mit einem Gefühl und möglichst mit einem inneren Bild, so kann es besser wirken.
- Formulieren Sie es positiv, entweder in der Gegenwarts- oder Zukunftsform; formulieren Sie es zum Beispiel als »Ich bin«- oder »Ich werde«-Botschaft.
- Wählen Sie möglichst einen kurzen Satz, den Sie sich gut einprägen können.
- Intensivieren Sie die Wirkung, in dem Sie das *Sankalpa* auch im Alltag mehrmals täglich sprechen und mit einem inneren Bild verbinden. Schließen Sie dazu kurz die Augen, entspannen Sie sich mit ein paar tiefen Atemzügen und projizieren Sie das *Sankalpa* als Wort, Satz oder Bild in einen goldenen Rahmen, nach rechts oben. Wenden Sie dabei die geschlossenen Augen in diese Richtung und halten Sie das *Sankalpa* möglichst 5-10 Sekunden fest.
- Verändern Sie Ihr *Sankalpa* erst, wenn es seine Wirkung entfaltet hat.
- Ändern Sie die Formulierung, wenn Sie nach einigen Tagen merken, dass das *Sankalpa* nicht mit einem positiven Gefühl verbunden ist.

Was ist, wenn es nicht »funktioniert«?

- Sie haben sich zu wenig Zeit genommen, um das richtige *Sankalpa* zu bilden.
- Die Entspannung während *Yoga Nidra* war nicht tief genug, das *Sankalpa* konnte nicht bis zu Ihrem Unbewussten vordringen.
- Sie haben es nicht häufig genug wiederholt.
- Sie wurden durch andere Gedanken abgelenkt und haben die Wirkung damit abgeschwächt.
- Ihre Zweifel sind zu groß und Sie geben dem *Sankalpa* nicht wirklich die Chance, sich zu verwirklichen
- Es braucht mehr Zeit – das heißt, Sie brauchen mehr Geduld.

Symbole als Vertiefung

Der Begriff »Symbol« (griechisch symbolon) bedeutet so viel wie »Erkennungszeichen«. Eine Münze, die in zwei Teile zerbrochen worden war, galt als ein solches Erkennungszeichen, wo und wann immer sich die Besitzer trafen und die beiden Hälften wieder zusammenfügten. Ein Symbol erfüllt nach diesem Bild erst dann seinen Zweck, wenn es »zusammengesetzt« ist, wenn die Zwei zur Eins und Getrenntes verbunden wird. Ein Symbol hat immer einen Bedeutungsüberschuss, das heißt, hinter der äußeren Ebene – der geteilten und wieder zusammengefügten Münze – existiert eine innere Ebene: Zwei Freunde begegnen einander wieder oder der Besitzer der anderen Hälfte gibt sich durch den Besitz der einen Hälfte der Münze zumindest als ein freundlich Gesinnter aus.

Wir unterscheiden persönliche Symbole und kollektive Symbole, wobei ein kollektives Symbol, wie zum Beispiel der Teddybär, für viele Menschen auch ein ganz persönliches Symbol darstellt. Es wurden eigens Studien dazu angefertigt, warum der Teddybär zum kollektiven Symbol geworden ist. Auf einer ganz tiefen Ebene hängt es wohl damit zusammen, dass der Bär zu den ältesten Tieren der Menschheit gehört, die das Heilige in Form des Bärengottes oder der Bärengöttin repräsentieren. Die Bärenmutter säugt ihre Jungen im Sitzen und sieht dabei wie ein menschliches Wesen aus. Das weiche Fell signalisiert Geborgenheit und Wärme. Für den einzelnen Menschen ist der ganz persönliche Teddybär das Symbol für Sicherheit und Geborgenheit.

Persönliche und kollektive Symbole können ihre Bedeutung im Lauf der Zeit verlieren. In einer säkularen Gesellschaft hat das Kreuz eine wesentlich geringere symbolische Wirkung als in einer stark christlich orientierten Gemeinschaft. C. G. Jung hat sich lebenslang mit der heilenden Wirkung der Symbole beschäftigt. Für ihn ist die Fähigkeit des Menschen, Symbole zu bilden, entscheidend für seine seelische Gesundheit. Denken Sie zum Beispiel an einen Säugling, der langsam von der Mutterbrust entwöhnt wird. Wie wichtig ist das erste Objekt, das ein Symbol für die Mutterbrust darstellt, wie ein weicher Bettzipfel, ein Schnuller oder das Ohr eines Stoffhasen. Meist dauert es eine ganze Weile bis auch dieses Objekt losgelassen werden kann und ein anderes Symbol für die so dringend notwendige Geborgenheit an seine Stelle tritt. Auch symbolhaftes Handeln zum Beispiel in Form von Ritualien (Weihnachtsbaum, Ostereier bemalen) gehört in diesen Bereich. Symbole wirken auf der unbewussten Ebene und eignen sich damit in besonderer Weise für die *Yoga Nidra*-Praxis.

Im Yoga werden kollektive Symbolen wie geometrische Formen *(Yantras)* zur Konzentration und Meditation verwendet. Dazu gehören Linie, Punkt, Kreis, Dreieck oder Viereck, die jeweils eine unterschiedliche Wirkung auf uns haben. Im Zustand des *Yoga Nidra* verankern wir uns mit Hilfe dieser Symbole in unserem kollektiven »Mutterboden«, vertiefen die Entspannung und intensivieren die Wirkung des *Sankalpa.*

Die nachfolgend beschriebenen Übungen dienen als Vorbereitung für Yoga Nidra. Sie können auch als eigenständige Übungen zur Verbesserung der Konzentration eingesetzt werden.

Der Punkt

bedeutet die Ureinheit und symbolisiert in vielen Kulturen das Göttliche. In der Mitte des Mandalas stellt der Punkt die Verbindung dar zwischen der Sichtbaren und der Unsichtbaren Welt, die Verbindung des persönlichen mit dem göttlichen Bewusstsein.

Patanjali beschreibt Meditation als einen Vorgang, bei dem wir lernen, unser Bewusstsein in einem einzigen Punkt zu konzentrieren. Wenn unsere Meditation tiefer wird, wird unsere Aufmerksamkeit durch diesen Punkt nach innen gelenkt und der Unterschied zwischen Subjekt und Objekt verschwindet.

Shankara, ein Yoga-Lehrer des 8. Jahrhunderts, hat nachdrücklich auf die große Wirksamkeit der »Einpunkt-Meditation« verwiesen: *»Die Einpunkt-Konzentration unseres Bewusstseins ist die beste Übung, besser als alle anderen Praktiken.«*

ÜBUNG

- Setzen Sie sich aufrecht hin und nehmen Sie bewusst Ihre Wirbelsäule wahr.
- Stellen Sie sich die völlig ruhige und klare Oberfläche eines Teichs vor. Das Wasser ist spiegelglatt.
- Da taucht in der Mitte eine Blase auf, sie kommt aus der Tiefe des Teichs und durchbricht die klare Wasseroberfläche.
- Es entstehen Kreise wie sanfte Wellen um die Blase herum, die sich über den ganzen Teich ausbreiten.
- Dieser Teich ist Ihr eigenes Bewusstsein.
- Versuchen Sie sich auf die Stelle zu konzentrieren, an der die Blase aufgetaucht ist. Verbinden Sie die Luftblase mit einem Ton wie zum Beispiel AAA oder OHM.
- Ihr Bewusstsein ruht im Zentrum dieses Tons. Die Wellen des Tons breiten sich in Ihrem Bewusstsein aus, aber Sie schließen sich weder diesen Wellen an noch dem Kommen und Gehen Ihrer Gedanken. Wenn dieses Bild ganz klar ist, können Sie es gehen lassen und nur noch in Ihrem eigenen Zentrum ruhen.
- Atmen Sie ein paar Mal tief ein und aus, bevor Sie sich langsam von dieser Übung lösen.

Das Dreieck

Drei Punkte formen die Ecken, drei Linien die Verbindungen des Dreiecks.

Die Dreiheit hat viele Bedeutungen: Anfang – Mitte – Ende, *Brahma* – *Vishnu* – *Shiva,* Gott Vater – Sohn – Heiliger Geist, Vergangenheit – Gegenwart – Zukunft.

Nach indischem Verständnis sind die drei *Gunas* die drei Qualitäten, aus denen das Universum geschaffen ist: Dunkelheit und Schwere *(Tamas),* Bewegung und Feurigkeit *(Rajas)* und Leichtigkeit und Licht *(Sattva).*

Der Körper steht dabei für das *Tamas*-Element, der emotionale Bereich für das *Rajas*-Element und der Geist für das *Sattva*-Element.

Die Verbindung von *Shiva* und *Shakti* wird ebenfalls als Dreieck dargestellt mit einem Punkt in der Mitte (*Shakti* = Dreieck, *Shiva* = Punkt).

Das Dreieck kann nach oben oder unten schauen; aufwärts gerichtet steht es unter anderem für die zum Himmel aufsteigende Energie, abwärts für die göttliche Gnade, die von oben nach unten fließt.

Häufig werden die beiden Dreiecke miteinander verbunden dargestellt, als Symbol für die Verbindung von oben und unten.

ÜBUNG

ÜBUNG

- Setzen Sie sich aufrecht, wenn möglich in den Schneider- oder Lotossitz, und konzentrieren Sie sich auf die Wirbelsäule. Lenken Sie in Ihrer Vorstellung den Atem entlang der Wirbelsäule. Stellen Sie sich vor, wie die Energie von unten nach oben und von oben nach unten fließt.
- Stellen Sie sich die Dreieck-Form in Ihrem Körper vor. Lenken Sie die Aufmerksamkeit vom rechten Hüftknochen zum linken Hüftknochen und hinauf bis zum dritten Auge (dem Punkt zwischen beiden Augen). Füllen Sie diese Form mit feuriger Energie aus. Bleiben Sie einige Minuten lang in dieser Vorstellung, bis sich in Ihrem Inneren ein klares Bild eines Dreiecks entwickelt, das seine Basis im Becken und seine Spitze im Dritten Auge hat.

🕉 Atmen Sie tief ein und aus, bevor Sie sich langsam aus dieser Übung lösen.

Der Kreis

Lassen Sie vor Ihrem inneren Auge Bilder von Kreisformen auftauchen: ein Wassertropfen, die Pupille des Auges, die Erde, ein Planet, eine Zelle, ein indianisches Sand-Mandala, ein tibetisches Mandala, ein kreisrundes Fenster in einer gotischen Kathedrale usw.

Der Kreis in allen seinen Ausprägungen – von der Zelle bis zum Kreistanz – gehören zu den Urbildern der Menschheit. Er symbolisiert eine Form, die Auseinanderstrebendes harmonisch zusammenhält, die Geborgenheit vermittelt. Kreis oder Kugel als Symbol des Selbst, als Symbol des Kerns der Persönlichkeit (wie der Kern in einer Frucht) finden wir in nahezu allen Märchen und Mythen. Das Mandala, wie C.G. Jung den Kreis genannt hat, stellt ein Ursymbol aller Kulturen dar. Das Mandala steht für Ganzheit, für die Erde, die Sonne, für die Zelle im Kleinen und das Universum im Großen.

Ü B U N G

- Legen Sie sich auf den Rücken und breiten Sie die Arme in Schulterhöhe aus. Nehmen Sie den Atem wahr und lassen Sie ihn tiefer und etwas langsamer werden.
- Stellen Sie sich vor Ihrem inneren Auge eine Kreisform vor. Folgen Sie dieser Form dreimal mit geschlossenen Augen in beide Richtungen.
- Stellen Sie sich um Ihren Körper herum eine Kreisform vor; Scheitel, Fingerspitzen und Fußspitzen berühren den Kreis. Dehnen Sie den Kreis und damit auch Ihren Körper aus, soweit es Ihnen möglich ist.
- Bleiben Sie einige Atemzüge lang, bevor Sie den Kreis wieder kleiner werden und Ihren Körper eng umschließen lassen.
- Atmen Sie einige Male tief ein und aus und lösen Sie sich aus dieser Übung.

Körperwahrnehmungen als Symbol

Körperliche Zustände wie Leichtigkeit, Schwere, die Erfahrung von Kälte und Wärme zählen im *Yoga Nidra* ebenfalls zu Symbolen. Es handelt sich um kollektive Erfahrungen, die über ihre körperliche Bedeutung hinaus eine seelisch-geistige Erfahrung darstellen. Diese symbolische Bedeutung können wir zum Beispiel in den Aussagen des Volksmunds erkennen: »Nimm diese Sache doch leicht« oder »nimm es nicht so schwer«, »von dieser Person geht eine Kälte aus« oder »dieser Mensch verbreitet eine warme Atmosphäre«.

Leichtigkeit

In *Yoga Nidra II* werden Sie dazu angeleitet, Leichtigkeit und Schwere, Kälte und Wärme zu erfahren. Bleiben Sie bei der jeweiligen Vorstellung, auch wenn es Ihnen unangenehm ist. Diese Übung dient unter anderem dazu, unsere Verhaftung an angenehme und unangenehme Körperempfindungen oder auch an unangenehme Gefühle aufzulösen.

Vor allem die Empfindung von Kälte fällt vielen Menschen schwer.

Lassen Sie sie trotzdem ein und empfinden Sie die Kälte in allen Teilen des Körpers, lassen Sie die Kälte bis in die Knochen vordringen. So lernen Sie, auch äußere Kälte zu ertragen, indem Sie diese unangenehme Empfindung bewusst zulassen.

ÜBUNG

- Legen Sie sich auf den Rücken, die Füße fallen locker auseinander, die Arme liegen neben dem Körper, die Handflächen zeigen nach oben.
- Beginnen Sie mit einer Entspannung des ganzen Körpers:
- Entspannen Sie den rechten Fuß, den rechten Unterschenkel, das rechte Knie und den rechten Oberschenkel – der rechte Fuß, das rechte Bein ganz entspannt.
- Entspannen Sie den linken Fuß, den linken Unterschenkel, das linke Knie und den linken Oberschenkel – der linke Fuß, das linke Bein ganz entspannt.
- Entspannen Sie das Gesäß, den unteren und oberen Rücken – das Gesäß, der ganze Rücken entspannt.
- Entspannen Sie das Becken, den Bauch und den oberen Rücken – Becken, Bauch und oberer Rücken ganz entspannt.
- Entspannen Sie die Schultern und den Brustkorb – Schultern und Brustkorb ganz entspannt.
- Entspannen Sie die rechte Hand, den rechten Unterarm, Ellbogen und Oberarm – die rechte Hand, der rechte Arm entspannt.
- Entspannen Sie die linke Hand, den linken Unterarm, Ellbogen und Oberarm – die linke Hand, der linke Arm ganz entspannt.
- Entspannen Sie den Hals, den Kopf und das Gesicht – Hals, Kopf und Gesicht ganz entspannt.
- Lassen Sie ein Gefühl der Leichtigkeit entstehen.
- Spüren Sie die Leichtigkeit im rechten Fuß, im rechten Bein, in der rechten Hüfte – der rechte Fuß, das rechte Bein, die rechte Hüfte – ganz leicht.
- Spüren Sie die Leichtigkeit im linken Fuß, im linken Bein, in der linken Hüfte – der linke Fuß, das linke Bein, die linke Hüfte – ganz leicht.

- Spüren Sie die Leichtigkeit sogar in den Knochen der Beine.
- Spüren Sie Leichtigkeit im Gesäß, im Becken, im unteren Rücken.
- Spüren Sie Leichtigkeit im oberen Rücken, im Bauch und im Brustbereich.
- Der ganze Rumpf ist leicht, die inneren Organe, die Knochen – leicht.
- Spüren Sie Leichtigkeit in der rechten Hand, im rechten Unterarm, Oberarm und in der rechten Schulter – die rechte Hand, der rechte Arm, die rechte Schulter – leicht.
- Spüren Sie Leichtigkeit in der linken Hand, im linken Unterarm, Oberarm und in der linken Schulter – die linke Hand, der linke Arm, die linke Schulter – leicht.
- Spüren Sie Leichtigkeit sogar in den Knochen der Hände und Arme.
- Spüren Sie Leichtigkeit im Hals, im Kopf und im Gesicht – Hals, Kopf und Gesicht – leicht.
- Spüren Sie Leichtigkeit im Inneren Ihres Kopfes, im Gehirn und in den Sinnesorganen.
- Der ganze Körper ist leicht.

In gleicher Weise gehen Sie mit Schwere, Kälte und Wärme vor. Nehmen Sie sich nach jeder Übung ausreichend Zeit, um wieder ganz bewusst aus der tiefen Entspannung herauszukommen. Dehnen und strecken Sie sich ausgiebig. Alle Körperwahrnehmungen, die Ihnen unangenehm sind, sollten Sie besonders intensiv üben, um die Abhängigkeit von diesen negativen Gefühlen aufzulösen. Sie werden diese neue Freiheit genießen, wenn Sie merken, wie intensiv diese Übung in Ihr Leben hineinwirkt und Ihnen hilft, alle Lebenssituationen besser zu meistern. Wenn Sie die Vorstellung der einzelnen Symbole oder symbolischen Körperempfindungen gesondert üben, wird es Ihnen wesentlich leichter fallen, sie in Ihre *Yoga Nidra*-Praxis einzubeziehen.
Nach einiger Übung können Sie eigene Symbole verwenden, die Ihnen besonders wichtig sind.

Chakras – Kraftzentren des Lebens

Lesen Sie das nachfolgende Kapitel, auch wenn Sie mit der Yoga-Philosophie nicht vertraut sind oder diesen Gedanken sogar kritisch gegenüberstehen.

Die Vorstellung, dass es neben den Energiezentren des Körpers, wie sie Herz und Lungen darstellen, auch feinstoffliche Organe gibt, existiert keineswegs nur im östlichen Kulturraum. So gibt es Zeichnungen, die dem Mystiker Jakob Böhme zugeschrieben werden, die auf ähnliche, nicht sichtbare Energiezentren hinweisen. Mit der Vorstellung von feinstofflichen Körpern, die unseren Leib umgeben, hat man von jeher versucht, das Nicht-Sichtbare, aber doch Wahrnehmbare auszudrücken, die Erfahrungen, die unser kritischer Verstand niemals erfassen kann. C. G. Jung hat sich während eines Sommerkurses ausführlich mit dem Thema *Kundalini* beschäftigt und den Weg durch die *Chakras* als einen Weg zu immer größerer Bewusstwerdung und damit als ein Symbol für den Individuationsweg gesehen.

Das Sanskritwort *Chakra* wird mit Rad oder kreisförmiges Zentrum übersetzt. Die bekanntesten Darstellungen zeigen die *Chakras* in Form geometrischer Symbole oder als Blüten mit einer unterschiedlichen Anzahl von Blütenblättern. In der yogischen Vorstellung ist unser Körper von mehreren feinstofflichen Hüllen umgeben. An der Grenze zwischen dem physischen und den feineren Körpern befinden sich Energiezentren, die ähnlich wie Körperorgane wirken: Sie nehmen *Prana*-Energie auf, transformieren sie auf eine Ebene, die der Mensch verwerten kann, und sorgen dadurch für einen Energiefluss auf allen Ebenen. Sie sind im physischen, emotionalen und mentalen bzw. geistigen Bereich wirksam. Mit ihrer Tätigkeit beeinflussen Sie die Aktivität von Organen und Drüsen, die emotionale Befindlichkeit, das Denken und die Konzentration. Über die oberen *Chakras* findet die Verbindung zur transpersonalen Ebene statt.

Schließen Sie kurz die Augen und stellen Sie sich ein Energiezentrum an der Basis Ihres Rumpfes vor, das nach unten gerichtet ist und sie mit der Erde verbindet. Gehen Sie dann mit Ihrer Aufmerksamkeit zum Scheitel und stellen Sie sich ein Energiezentrum oder eine geöffnete Blüte vor, die Sie mit der Energie des Himmels verbindet. Die übrigen *Chakras,* wie sie unten beschrieben werden, können Sie sich mit einer Öffnung an der Rückseite und Vorderseite des Körpers vorstellen.

Stellen Sie sich vor, wie ein reger Austausch von Energie stattfindet, die durch diese Zentren aufgenommen, in den Körper geleitet und verteilt und wieder abgegeben wird. Lassen Sie Ihren Körper weiter und durchlässiger werden und spüren Sie die zirkulierende Energie in den einzelnen Zentren. Wenn Sie das Gefühl haben, dass der eine oder andere Bereich des Körpers weniger gut wahrzunehmen ist, lesen Sie nach, mit welcher speziellen Aufgabe dieses *Chakra* verbunden ist.

Den ersten fünf *Chakras* sind Elemente, Tiere, geometrische Symbole und sogenannte Keimsilben zugeordnet. Dabei gibt es in den unterschiedlichen Schriften voneinander abweichende Zuordnungen in Farbe und Form.

Die nachfolgende Beschreibung wird Sie kurz mit Lage und Aufgabe der *Chakras* vertraut machen.

Muladhara-Chakra – Basischakra (Wurzelstütze)

bezieht sich auf die Wurzeln unseres Lebens, die in erster Linie in unserem natürlichen Leben liegen, im kreatürlichen, instinktiven Bereich. Alle Körperfunktionen basieren darauf, Instinkte und Triebe haben hier ihren Sitz. Über das Wurzelchakra sind wir mit der Erde, mit der eigenen Natur und der All-Natur verbunden.

Mit dieser Energie verbunden sind

- auf körperlicher Ebene: Wirbelsäule, Knochen, Ausscheidungsorgane, Nebennieren
- auf seelisch-geistiger Ebene: Lebenskraft, Vitalität, Überlebenswille, Verbindung zur Natur.

Weitere Zuordnungen

- Sitz der Schlange *Kundalini,* die eingerollt in diesem Chakra ruht und auf ihren Aufstieg zum obersten *Chakra* wartet. Sie symbolisiert das Bewusstsein, das sich nach und nach entwickelt und uns die Inhalte und Aufgaben der einzelnen Energiezentren erschließt. Am Ende steht die Vereinigung von Erd- und Himmelskraft, von Natur und Geist.
- Element Erde
- Riechen
- der Elefant (als Symbol der kultivierten Libido und Willenskraft)
- Quadrat
- Keimsilbe LAM

Entwicklungsaufgaben

- Lebensangst und Gier überwinden
- den eigenen Körper mit seinen Grenzen und Möglichkeiten schätzen
- Triebhaftigkeit annehmen, zähmen
- spirituelle Entwicklung mit dem Kreatürlichen, dem Erdhaften und Konkreten verbinden
- Form als Grundlage von Kreativität akzeptieren

Svadhistana-Chakra – Sakralchakra (Wohnstatt des Selbst)

Da dieses Chakra dem Wasser-Element und der Sexualenergie zugeordnet wird, symbolisiert es in zweierlei Hinsicht die Entstehung des menschlichen Lebens.

Aus dem Wasser hat sich das Leben auf der Erde genauso entwickelt, wie der menschliche Embryo im Fruchtwasser. Wasser ist mit dem Mond verbunden und steht für den Bereich des Unbewussten.

Es ist das Element der Kreativität, es befruchtet, verhindert das Vertrocknen und nährt. Wasser ist der perfekte Träger von Informationen, von sichtbaren (wie Farbe) oder unsichtbaren, wie dem Wasser aufgeprägten Botschaften (Gebeten, Musik).

Mit dieser Energie verbunden sind

- auf körperlicher Ebene: Beckenraum, Geschlechtsorgane, Unterleibsorgane, Lymphe, Sperma, Säfte, Keimdrüsen
- auf seelisch-geistiger Ebene: »mondhafte« Anziehungskraft, Verbindung weibliche und männliche Energie, Zyklen des Lebens wie Pubertät und Wechseljahre, Distanz und Nähe.

Entwicklungsaufgaben

- Bewusstwerdung, welchen Anziehungskräften wir ausgeliefert sind und was es für das eigene Leben bedeutet (zum Beispiel Sucht und Abhängigkeit)
- Selbstachtung und Unabhängigkeit
- Bewusstwerden sexueller Kräfte, sie annehmen, wertschätzen und damit gut umgehen lernen.

Weitere Zuordnungen

- Element Wasser
- Schmecken
- Halbmond
- Leviathan (Krokodil), Symbol für das Unbewusste, das gefährliche Tier, das im Unbewussten, im Wasser lebt.
- Keimsilbe VAM

Manipura-Chakra – Solarplexuschakra (Stadt der Juwelen)

Dieses Chakra ist auch bekannt unter der Bezeichnung Sonnengeflecht, weil sich in diesem auf Höhe des Nabels ein Geflecht von sympathischen Nervenfasern befindet. Der Sympathikus wird im Yoga der Sonnenenergie zugeordnet. Die Sonne steht für männliche Aktivität, für das Handeln, das Ego, die Durchsetzungskraft. Sonnenergie verbinden wir mit Hitze, Intensität, mit reiner Energie.

Mit dieser Energie verbunden sind

- auf körperlicher Ebene: Plexus solaris, vegetatives Nervensystem, Verdauungsorgane, Bauchspeicheldrüse

- auf seelisch-geistiger Ebene: Entscheidungs- und Tatkraft, Willenskraft, emotionale Intensität.

Weitere Zuordnungen

- Element Feuer
- Sehen
- Dreieck
- Widder als Symbol für Durchsetzungsfähigkeit, Lebenskraft, aber auch Eigenwilligkeit und Aggression bei auftretendem Widerstand.
- Keimsilbe RAM

Entwicklungsaufgaben

- zu den eigenen Gefühlen stehen, Machtansprüche bewusst machen
- Ich-Kraft entwickeln und Ablehnung von anderen akzeptieren lernen
- klare Entscheidungen treffen, Grenzen setzen und Grenzen akzeptieren
- Aggression nicht unterdrücken, sondern annehmen und umwandeln

Anahata-Chakra – Herzchakra (der Ort des nicht angeschlagenen Tons)

Stellen oder legen wir uns mit ausgebreiteten Armen hin, bildet das Herz den Kreuzungspunkt zwischen horizontaler und vertikaler Ebene. Hier werden die herabströmenden Himmelskräfte zum ersten Mal bewusst. Dies zeigt sich in unserem Sprachgebrauch sehr deutlich, wenn von Liebe als einer Himmelsmacht gesprochen wird.

Die Liebe hebt unsere engen Ego-Grenzen mindestens für eine Zeitlang auf, sie lässt uns Störendes und Belastendes vergessen. Liebe beigeistert und inspiriert, verbindet uns mit dem Geist, mit einer feineren Ebene, auf der wir Töne hören, die unser materielles Ohr nicht zu hören vermag.

Mit dieser Energie verbunden sind

- auf körperlicher Ebene: Herz, Brustkorb, Lunge, Thymusdrüse
- auf seelisch-geistiger Ebene: Mut (sich ein Herz fassen), Liebe, Mitgefühl, Freude.

Weitere Zuordnungen

- Element Luft
- Fühlen
- Gazelle als Symbol für Leichtigkeit, Schönheit, Verletzlichkeit
- zwei Dreiecke ineinander gefügt in Form des Davidssterns
- Keimsilbe VAM

Entwicklungsaufgaben

- Selbstliebe, Nächstenliebe
- Integration des Triebhaften auf der einen Seite und der höheren Ideale auf der anderen
- Verbindung von Gegensätzen, Vermittlung
- die eigenen Gefühle und die Gefühle anderer wahrnehmen
- Mut, sich für die eigenen Ideale einzusetzen

Vishudda-Chakra – Kehlkopfchakra (Platz der Wahrheit)

Für das Hören, um das es in diesem Chakra geht, benötigen wir nicht nur die physischen Ohren, sondern erweiterte Sinne. Im Hören auf die Stimme des Herzens und auf die innere Stimme entwickelt sich unsere Wahrheit, die wir dann über dieses *Chakra* mit Hilfe des Atems in Form der Stimme nach außen bringen.
Vishudda-Chakra verbindet Hören und Sprechen, innere Wahrheit und Kommunikation.

Mit dieser Energie verbunden sind

- auf körperlicher Ebene: Hals, Nacken, Kieferbereich, Kehlkopf, Bronchien, oberer Lungenbereich, Nervensystem, Schilddrüse
- auf seelisch-geistiger Ebene: das Aussprechen der eigenen Wahrheit in Verbindung mit dem Herzen.

Weitere Zuordnungen

- Element Äther
- Hören
- schneeweißer Elefant als Symbol höherer Erkenntnis der abstrakten Ideen und Gedanken
- Oval
- Keimsilbe VAM

Entwicklungsaufgaben

- die Kunst des Zuhörens
- die eigene Wahrheit erkennen durch Konzentration auf die innere Stimme, die mit der universellen Wahrheit verbunden ist
- die Sinne läutern durch Konzentration auf das Wesentliche
- die eigene Wahrheit ausdrücken

Ajna-Chakra – Stirnchakra

Dieses *Chakra* wird auch als Drittes Auge bezeichnet. Damit wird die Fähigkeit des Nach-Innen-Schauens, der Einsicht ausgedrückt, die auch als Sechster Sinn gilt. Mit diesem Sinn erkennen wir die Wirklichkeit hinter der sichtbaren Welt. Wir erkennen die Kräfte, die in uns wirken und in der Natur wirken. An diesem Punkt angelangt können wir uns der Erkenntnis nicht mehr verschließen, dass es eine Höhere Macht gibt, die dieses Universum lenkt. Aus dem Vertrauen in unsere Verbindung mit dieser höheren Ordnung lösen sich Ängste auf, beruhigen und ordnen sich die Gedanken.

Mit dieser Energie verbunden sind

- auf körperlicher Ebene: Sinnesorgane, Nebenhöhlen, Gehirn, Hypophyse, Epiphyse, Hormon- und Nervensystem
- auf seelisch-geistiger Ebene: Einsicht, Vertrauen, Klarheit.

Entwicklungsaufgaben

- Innere Klarheit und Unterscheidungsfähigkeit gewinnen
- Probleme aus einer höheren Perspektive betrachten
- Intuition entwickeln, Vertrauen in die göttliche Ordnung spüren

Sahasrara-Chakra – Scheitelchakra (Tausendblättriger Lotus)

Dieses *Chakra* symbolisiert den Zustand der Einheit. »Wer die Erleuchtung erreicht hat, kann darüber nicht sprechen, wer darüber spricht, hat sie nicht erreicht«. So heißt es in einem Weisheitstext, der mir sehr wahrhaftig klingt.

Es kann also nur eine Idee von dem weitergegeben werden, was mit diesem Chakra verbunden ist.

Dafür eignen sich Parabeln am besten, deshalb zu diesem Chakra eine yogische Geschichte: Der Gottsucher klopft an die Tür Gottes. Der fragt: »Wer ist draußen?«

»Ich bin es«, sagt der Gottsucher. Die Tür bleibt verschlossen. Dieser Vorgang wiederholt sich noch einmal. Beim dritten Mal antwortete der Suchende auf die Frage, wer draußen sei, mit »Du bist es, Herr, der um Einlass bittet«. Daraufhin wird ihm die Tür geöffnet.

Das Wichtigste in Kürze

- Ein Symbol hat eine äußere sichtbare und eine dahinter liegende unsichtbare, aber wirksame Bedeutungsebene.
- Auf dieser Ebene wird etwas mitgeteilt, was auf den ersten Blick nicht erkennbar ist.
- Es gibt persönliche und kollektive Symbole, wobei ein kollektives Symbol auch zu einem persönlichen werden kann.

Während *Yoga Nidra*

- vertiefen Symbole die Wirkung des *Sankalpa,* weil geometrische Formen wie das Dreieck eine tiefe Bedeutung haben und auf das Unbewusste zum Beispiel ordnend wirken,
- ermöglichen Symbole eine vertiefte Form der Körperwahrnehmung und verbessern die Verbindung Körper und Geist,
- verbinden uns Symbole in Form der Chakras mit einer feinstofflichen Ebene und erhöhen unser Energieniveau,
- wird die mit dem jeweiligen Chakra verbundene Energie auf körperlicher, seelischer und geistiger Ebene verstärkt,
- erfolgt durch Aktivierung der Chakras eine immer größere Bewusstwerdung der unbewussten Anteile und Schattenbereiche.

Abschlussformel

Am Ende der Tiefenentspannung und der Energielenkung in den Körper wiederholen Sie noch einmal Ihr *Sankalpa,* bevor Sie sich auf den »Rückweg« machen. Wenn Sie am Anfang der Übung von 10 bis 1 heruntergezählt haben, zählen Sie jetzt wieder nach oben. Wenn Sie sich dabei eine Treppe vorgestellt haben, gehen Sie die Stufen wieder Schritt für Schritt nach oben. Zählen Sie dann von 1 bis 3 und sagen Sie sich selbst: Bei 3 die Augen öffnen, hellwach und klar. Je tiefer und länger der Entspannungszustand angedauert hat, umso länger sollten Sie sich Zeit für das Zurückkommen nehmen.

Richten Sie an sich selbst die Botschaft:

- Ich werde jetzt *Yoga Nidra* beenden. Die vertiefte Wahrnehmung meines Körpers und alles, was ich auf dieser tiefen und entspannten Bewusstseinsebene erlebt habe, werde ich in mein Wachbewusstsein aufnehmen.

- Bewegen Sie zuerst Füße und Beine, dann Arme und Hände und schließlich den Kopf. Lassen Sie die Augen geschlossen, während Sie den Kopf langsam zu beiden Seiten bewegen.

- Vertiefen Sie die Einatmung und stellen Sie sich vor, wie Sie sich dabei bewusst aus tieferen Bewusstseinsebenen zurückholen. Strecken und dehnen Sie sich ausgiebig nach allen Seiten, spannen Sie nacheinander die großen Muskeln Ihres Körpers an und entspannen Sie sie wieder. Öffnen Sie die Augen und sagen Sie sich: Augen auf, hellwach und klar.

- Anschließendes Tönen bringt Sie auf sanfte Weise sicher ins Wachbewusstsein zurück. Tönen Sie mehrmals ein lautes OM, Vokale oder Konsonanten. Richten Sie sich langsam auf, denken Sie dabei daran, dass die Tiefenentspannung den Blutdruck senkt und die gesamte Kreislauffunktion etwas verlangsamt. Wenn Sie sich zu schnell aufrichten, kann es zu Kopfschmerzen oder Unwohlsein kommen.

- Idealerweise sollten Sie sich jetzt noch etwas Zeit nehmen, um das Erlebte bewusst anzuschauen und zu integrieren. Sollten

Sie genügend Zeit haben, nehmen Sie sich ein Blatt Papier mit einem vorgezeichneten Kreis. Gestalten Sie Ihr eigenes Mandala mit den inneren Bildern oder Farben, die Sie während *Yoga Nidra* wahrgenommen haben. Bringen Sie Ihr Gefühl aufs Papier, ohne nachzudenken. Ein solches Bild wirkt ordnend auf das Bewusstsein und hält außerdem eine flüchtige Erinnerung fest, die sich so leichter ins Bewusstsein integrieren lässt.

Das Wichtigste in Kürze

- Schließen Sie Ihre *Yoga Nidra*-Übung genauso bewusst ab, wie sie begonnen wurde.
- Nehmen Sie sich ausreichend Zeit, langsam zurückzukommen.
- Beginnen Sie mit dem Aufwecken des Körpers, indem Sie Füße Beine, Arme, Hände und den Kopf nacheinander bewegen.
- Strecken und dehnen Sie sich ausgiebig, um den Kreislauf wieder anzuregen.
- Tönen Sie am Ende mehrmals das OM oder Vokale, durch die Schwingung der Töne kommen Sie sanft und sicher zurück.
- Nehmen Sie sich ausreichend Zeit, das Erlebte bewusst zu machen und so noch besser zu integrieren.

5

DIE VERSCHIEDENEN STUFEN VON YOGA NIDRA

Yoga Nidra I

- Einstieg
- *Antar Mouna* – Reinigung von Gedanken und Gefühlen
- *Savasana* – Tiefenentspannung
- *Nyasa* – den Geist lenken
- *Sankalpa* – Entschluss
- Abschlussformel

Lesen Sie die Anleitung genau durch und prägen Sie sich den Verlauf der Bewusstwerdung des Körpers ein:
Beginnend beim rechten Daumen richten Sie Ihre Aufmerksamkeit auf den rechten Arm, die rechte Körperseite, das rechte Bein und den rechten Fuß. Wechseln Sie zur linken Körperseite, beginnend beim Daumen bis zum linken Fuß. Nehmen Sie dann die Körperrückseite wahr, die Aufmerksamkeit verläuft über den Nacken und Hinterkopf bis zum Scheitel, dann über das Gesicht und den Hals entlang der Körpervorderseite bis zu den Füßen.

Sorgen Sie dafür, dass Sie ausreichend Zeit haben und möglichst nicht gestört werden (Handy ausschalten!), und dämpfen Sie das Licht. Wenn Sie Musik gewählt haben, um sich auf die Entspannung vorzubereiten, schalten Sie jetzt Ihren CD-Spieler an.
Legen Sie sich bequem auf den Rücken, die Beine leicht gegrätscht, die Arme liegen neben dem Körper. Lockern Sie beengende Kleidung und legen Sie, wenn möglich, Uhr und Schmuck ab. Lassen Sie sich ausreichend Zeit, eine bequeme Position zu finden, damit Sie sich während der Übung nicht bewegen müssen. Eine leichte

Decke sorgt dafür, dass es Ihnen während der tiefen Entspannung nicht kalt wird.

Lassen Sie die Augen während der ganzen Übung geschlossen.

Sprechen Sie nachfolgende Sätze im Inneren:

- Ich bin mir bewusst, dass ich *Yoga Nidra* übe.
- Während der Übung werde ich nicht einschlafen. Ich bin ganz entspannt und dabei wach und klar.
- Ich bin mir meines Körpers und meines Geistes bewusst. Ich bin mir meines Körpers und meines Geistes bewusst.

Nehmen Sie Ihren Atem wahr, ohne ihn zu beeinflussen. Ihr Atem wird Sie tiefer und tiefer führen. Bewusstes Ausatmen hilft Ihnen, sich von den Gedanken des Alltags zu lösen. Jedes Ausatmen führt Sie tiefer und tiefer in die Entspannung.

Auftauchende Gedanken lassen Sie wieder gehen. Beobachten Sie die Gedanken und Gefühle wie von außen. Lassen Sie nach und nach ein Gefühl der Ruhe entstehen.

Wiederholen Sie dreimal Ihr *Sankalpa*.

Sprechen Sie in Ihrem Geist die einzelnen Körperteile an. Durch die verstärkte Aufmerksamkeit wird in diesem Teil Ihres Körpers der Energiefluss intensiviert und die Bewusstheit erhöht.

- Beginnen Sie mit dem rechten Daumen und sprechen Sie im Inneren:
- rechter Daumen, Zeigefinger, Mittelfinger, Ringfinger, kleiner Finger, Handfläche, Handrücken, Handgelenk – die ganze rechte Hand
- rechter Unterarm, Ellbogen, Oberarm, Schultergelenk, Schulter, Achselhöhle – der ganze rechte Arm, die rechte Schulter
- rechte Seite des Brustkorbs, Rippen, Taille, Hüfte, Hüftgelenk, Becken
- rechter Oberschenkel, Knie, Unterschenkel – das ganze rechte Bein
- rechtes Fußgelenk, Fußrücken, großer Zeh, zweiter Zeh, dritter Zeh, vierter Zeh, kleiner Zeh, Fußsohle – der ganze rechte Fuß
- die ganze rechte Seite – die ganze rechte Seite.

Lenken Sie die Aufmerksamkeit zum linken Daumen und sprechen Sie im Inneren:

- linker Daumen, Zeigefinger, Mittelfinger, Ringfinger, kleiner Finger, Handfläche, Handrücken, Handgelenk – die ganze linke Hand
- linker Unterarm, Ellbogen, Oberarm, Schultergelenk, Schulter, Achselhöhle – der ganze linke Arm, die linke Schulter
- linke Seite des Brustkorbs, Rippen, Taille, Hüfte, Hüftgelenk, Becken
- linker Oberschenkel, Knie, Unterschenkel – das ganze linke Bein
- linkes Fußgelenk, Fußrücken, großer Zeh, zweiter Zeh, dritter Zeh, vierter Zeh, kleiner Zeh, Fußsohle – der ganze linke Fuß
- die ganze linke Seite – die ganze linke Seite.

Richten Sie Ihre Aufmerksamkeit auf die Körperrückseite:

- Fersen, Rückseite der Unterschenkel, Kniekehlen, Oberschenkel, Gesäß
- unterer Rücken, oberer Rücken, Schulterblätter
- Rückseite der Oberarme, Ellbogen, Unterarme, Hände
- Nacken, Hinterkopf, Scheitel
- die ganze Körperrückseite – die ganze Körperrückseite
- Stirne, Augenbrauen, Augen, Augenlider, Oberkiefer, Nase, Oberlippe, Unterlippe, Kinn – der ganze Kopf, das ganze Gesicht
- Hals, Schulterbereich, Vorderseite der Oberarme, Ellbogen, Unterarme, Hände
- Vorderseite des Brustkorbs, Oberbauch, Nabel, Unterbauch
- Vorderseite der Oberschenkel, Knie, Unterschenkel, Füße
- die ganze Körpervorderseite – die ganze Körpervorderseite
- der ganze Körper – der ganze Körper

Wiederholen Sie dreimal Ihr *Sankalpa*.
Es wird jetzt von allen Körperzellen aufgenommen und beginnt bereits zu wirken.

Werden Sie sich wieder Ihres Atems bewusst. Nehmen Sie wahr, wie der Atem ein- und ausströmt. Sie sind Beobachter Ihres Atems, lenken Sie Ihre Aufmerksamkeit zum Bauchnabel und beobachten Sie das Heben und Senken des Bauchnabels.

Vertiefen Sie die Atmung und richten Sie Ihre Aufmerksamkeit auf die Nasenlöcher. Nehmen Sie wahr, wie der Atem ein- und ausströmt. Kommen Sie langsam wieder zurück, nehmen Sie Ihren Körper auf der Unterlage wahr. Strecken und dehnen Sie sich ausgiebig und setzen Sie sich auf.

Yoga Nidra II

- Einstieg
- *Antar Mouna* – Reinigung von Gedanken und Gefühlen
- *Savasana* – Tiefenentspannung
- *Nyasa* – den Geist lenken
- *Sankalpa* – Entschluss
- Arbeit mit Symbolen / Körperwahrnehmung mit inneren Bildern
- Abschlussformel

Wenn Sie Musik gewählt haben, um sich auf die Entspannung vorzubereiten, schalten Sie jetzt Ihren CD-Spieler an.

Legen Sie sich bequem auf den Rücken, die Beine leicht gegrätscht, die Arme liegen neben dem Körper. Lockern Sie beengende Kleidung und legen Sie, wenn möglich, Uhr und Schmuck ab. Lassen Sie sich ausreichend Zeit, eine bequeme Position zu finden, damit Sie sich während der Übung nicht bewegen müssen. Eine leichte Decke sorgt dafür, dass es Ihnen während der tiefen Entspannung nicht kalt wird.

Lassen Sie die Augen während der ganzen Übung geschlossen. Sprechen Sie nachfolgende Sätze im Inneren:

- Ich bin mir bewusst, dass ich *Yoga Nidra* übe.
- Während der Übung werde ich nicht einschlafen. Ich bin ganz entspannt und dabei wach und klar.

🕉️ Ich bin mir meines Körpers und meines Geistes bewusst. Ich bin mir meines Körpers und meines Geistes bewusst.

Nehmen Sie Ihren Atem wahr, ohne ihn zu beeinflussen. Ihr Atem wird Sie tiefer und tiefer führen. Bewusstes Ausatmen hilft Ihnen, sich von den Gedanken des Alltags zu lösen.

Nehmen Sie wahr, wie der Atem durch das rechte Nasenloch einfließt und durch das linke Nasenloch den Körper verlässt. Bleiben Sie bei dieser Atemwahrnehmung etwa 20 Atemzüge lang, atmen Sie dann 20 Atemzüge lang bewusst durch beide Nasenlöcher ein und aus.

Nehmen Sie alle Geräusche rund um Sie herum wahr, dann richten Sie die Aufmerksamkeit auf das Geräusch Ihres Atems. Lassen Sie sich ausreichend Zeit, auftauchende Gedanken wahrzunehmen. Beobachten Sie die Gedanken und Gefühle wie von außen. Lassen Sie jeden Gedanken wieder los, bis sich ein Gefühl von Ruhe einstellt.

Stellen Sie sich vor Ihrem inneren Auge so plastisch wie möglich die Zahl 3 vor (aktivieren Sie Ihre Vorstellungskraft, indem Sie zum Beispiel die Zahl in Schwarz auf ein weiße Wand schreiben), dann die Zahl 2 und die Zahl 1. Sie sind jetzt auf einer tieferen Entspannungsebene angelangt.

Zählen Sie von 10 bis 1 und stellen Sie sich vor, wie Sie dabei eine imaginäre Treppe nach unten gehen.

Wiederholen Sie dreimal Ihr *Sankalpa*.

Sprechen Sie in Ihrem Geist die einzelnen Körperteile an. Durch die verstärkte Aufmerksamkeit wird in diesem Teil Ihres Körpers der Energiefluss intensiviert und die Bewusstheit erhöht.

🕉️ Beginnen Sie mit dem rechten Daumen und sprechen Sie im Inneren:

🕉️ rechter Daumen, Zeigefinger, Mittelfinger, Ringfinger, kleiner Finger, Handfläche, Handrücken, Handgelenk – die ganze rechte Hand, das Innere der rechten Hand

- rechter Unterarm, Ellbogen, Oberarm, Schultergelenk, Schulter, Achselhöhle – der ganze rechte Arm, die rechte Schulter, das innere der rechten Schulter
- rechte Seite des Brustkorbs, Rippen, Taille, Hüfte, Hüftgelenk, Becken – alle inneren Organe in der rechten Seite des Brust- und Bauchraums
- rechter Oberschenkel, Knie, Unterschenkel – das ganze rechte Bein, das Innere des rechten Beins
- rechtes Fußgelenk, Fußrücken, großer Zeh, zweiter Zeh, dritter Zeh, vierter Zeh, kleincr Zeh, Fußsohle – der ganze rechte Fuß, das Innere des rechten Fußes
- die ganze rechte Seite – die ganze rechte Seite.

Treppe, die auf eine tiefere Bewusstseinsebene führt

Lenken Sie die Aufmerksamkeit zum linken Daumen und sprechen Sie im Inneren:
- linker Daumen, Zeigefinger, Mittelfinger, Ringfinger, kleiner Finger, Handfläche, Handrücken, Handgelenk – die ganze linke Hand, das Innere der linken Hand
- linker Unterarm, Ellbogen, Oberarm, Schultergelenk, Schulter, Achselhöhle – der ganze linke Arm, die linke Schulter, das Innere der linken Schulter
- linke Seite des Brustkorbs, Rippen, Taille, Hüfte, Hüftgelenk, Becken – alle inneren Organe in der linken Seite des Brust- und Bauchraums
- linker Oberschenkel, Knie, Unterschenkel – das ganze linke Bein, das Innere des linken Beins
- linkes Fußgelenk, Fußrücken, großer Zeh, zweiter Zeh, dritter Zeh, vierter Zeh, kleiner Zeh, Fußsohle – der ganze linke Fuß, das Innere des linken Fußes
- die ganze linke Seite – die ganze linke Seite.

Richten Sie Ihre Aufmerksamkeit auf die Körperrückseite:

- Fersen, Rückseite der Unterschenkel, Kniekehlen, Oberschenkel, Gesäß
- unterer Rücken, oberer Rücken, Schulterblätter
- Rückseite der Oberarme, Ellbogen, Unterarme, Hände
- Nacken, Hinterkopf, Scheitel
- die ganze Körperrückseite – die ganze Körperrückseite
- Stirne, Augenbrauen, Augen, der Bereich zwischen den Augenbrauen, Oberlid und Unterlid, der Raum zwischen den Lidern
- Oberkiefer, Nase, Oberlippe und Unterlippe, der Raum zwischen den Lippen
- Unterkiefer, Ohren, Kinn – das ganze Gesicht
- der ganze Kopf, das Gehirn, die Sinnesorgane
- Hals, Schulterbereich, Vorderseite der Oberarme, Ellbogen, Unterarme, Hände
- Vorderseite des Brustkorbs, Oberbauch, Nabel, Unterbauch
- Vorderseite der Oberschenkel, Knie, Unterschenkel, Füße
- die ganze Körpervorderseite – die ganze Körpervorderseite
- der ganze Körper – der ganze Körper

Nehmen Sie wahr, wo Ihr Körper auf dem Boden aufliegt:

- die Fersen – der Raum zwischen den Fußgelenken und dem Boden
- Unterschenkel, Oberschenkel, der Raum zwischen Kniekehlen und Boden
- Gesäß, unterer Rücken, der Raum zwischen Lendenwirbelsäule und Boden, oberer Rücken und Schulterblätter
- Schultern, Oberarme, Ellbogen, Unterarme, Hände – der Raum zwischen Handgelenken und Boden
- der Raum zwischen Nacken und Boden, der Hinterkopf

Bewusstwerden der Sinne, Visualisierung eines Symbols

- Fühlen Sie den Kontakt Ihres Körpers mit dem Boden. Spüren Sie, wie Ihr Körper auf dem Boden liegt. Nehmen Sie wahr, wo der Körper den Boden berührt. Fühlen Sie Ihren Hinterkopf, die

Schulterblätter, den Rücken, das Gesäß, die Beine, die Arme. Nehmen Sie wahr, wie sie auf dem Boden liegen.

- Rufen Sie jetzt ein Gefühl der **Schwere** im ganzen Körper hervor. Seien Sie sich der Schwere im Körper bewusst. Fühlen Sie die Schwere in den Füßen, den Beinen, im Gesäß, im Rücken, in den Schultern, in den Armen und Händen.
- Ihr rechter Fuß ist ganz schwer, rechtes Bein, linker Fuß, linkes Bein, rechter Arm, linker Arm. Rücken.

Lassen Sie in Ihrer Vorstellung auf einer großen Leinwand Bilder auftauchen, die Sie mit Schwere verbinden: einen Berg, eine schwere Last auf Ihrem Rücken, einen schweren Stein. Tauchen Sie ganz ein in diese Bilder und fühlen Sie die Schwere.

- Rufen Sie jetzt ein Gefühl der **Leichtigkeit** im ganzen Körper hervor. Seien Sie sich der Leichtigkeit im Körper bewusst. Fühlen Sie die Leichtigkeit in den Füßen, den Beinen, im Gesäß, im Rücken, in den Schultern, in den Armen und Händen. Ihr rechter Fuß ist ganz leicht, rechtes Bein, linker Fuß, linkes Bein, rechter Arm, linker Arm, Rücken. Es ist so, als würden Sie über dem Boden schweben, ganz leicht.

Lassen Sie in Ihrer Vorstellung Bilder auftauchen, die mit Leichtigkeit verbunden sind: eine Feder, einen Wolke, Wolken, die am Himmel ziehen. Nehmen Sie diese Leichtigkeit bewusst in sich auf.

- Rufen Sie die Empfindung von **Kälte** im ganzen Körper hervor. Seien Sie sich der Kälte im Körper bewusst. Fühlen Sie die Kälte in den Füßen, den Beinen, im Gesäß, im Rücken, in den Schultern, in den Armen und Händen. Ihr rechter Fuß ist ganz kalt, rechtes Bein, linker Fuß, linkes Bein, rechter Arm, linker Arm, Rücken, ganz kalt. Es ist so, als würde die Kälte Sie ganz durchdringen.

Lassen Sie in Ihrer Vorstellung Bilder auftauchen, die Sie mit dieser Kälte verbinden: einen Eisberg, Eisblumen auf der Fensterscheibe, einen kalten Wintertag. Tauchen Sie ganz ein in die Kälte.

Rufen Sie jetzt eine Empfindung von **Wärme** im ganzen Körper hervor. Seien Sie sich der Wärme im Körper bewusst. Fühlen Sie die Wärme in den Füßen, den Beinen, im Gesäß, im Rücken, in den Schultern, in den Armen und Händen. Ihr rechter Fuß ist ganz leicht, rechtes Bein, linker Fuß, linkes Bein, rechter Arm, linker Arm, Rücken, Ihr ganzer Körper ist warm. Es ist so, als würde die Wärme Sie ganz durchdringen.

Sprechen Sie dreimal Ihr *Sankalpa* und verbinden Sie es mit einer der vorher erfahrenen Zustände und mit einem Bild. Nicht immer muss es Leichtigkeit oder Wärme sein, die in der Regel als angenehmer empfunden werden. Manchmal ist die Schwere passender zum *Sankalpa* oder sogar die Kälte.

Kommen Sie langsam wieder zurück, zählen Sie von 10 bis 1 und von 3 bis 1 und kommen Sie dabei langsam zurück zum Wachbewusstsein. Nehmen Sie die Geräusche um sich herum wahr. Bewegen Sie Füße und Beine, Arme und Hände und zuletzt den ganzen Körper. Lassen Sie sich Zeit zum Nachspüren, bevor Sie die Augen öffnen und aus der Übung herauskommen.

Sie können diese Übungen erweitern und sich auf alle Körperempfindungen und Gefühle einlassen. Scheuen Sie sich nicht vor unangenehmen Gefühlen oder Körperwahrnehmungen, wie zum Beispiel Kälte. So werden Sie lernen, auch mit diesen negativen Empfindungen umzugehen. Sie können so unbewusste Reaktionsmuster auflösen. Sind Sie in der Realität mit einer entsprechend unangenehmen Situation wie zum Beispiel Kälte konfrontiert, werden Sie nicht mehr automatisch mit Unlust, Ärger und Stressgefühlen reagieren, sondern können – indem Sie emotionslos Ihre Aufmerksamkeit auf den Körper lenken – mit dieser Situation besser fertig werden.

Yoga Nidra III

- ◉ Einstieg
- ◉ *Antar Mouna* – Reinigung von Gedanken und Gefühlen
- ◉ *Savasana* – Tiefenentspannung
- ◉ *Nyasa* – den Geist lenken
- ◉ *Sankalpa* – Entschluss
- ◉ Arbeit mit Symbolen / Chakras
- ◉ Abschlussformel

Die dritte *Yoga Nidra*-Übung wird Sie mit den feinstofflichen Energiezentren, den *Chakras,* vertraut machen. Lesen Sie, bevor Sie die Übung beginnen, die entsprechenden Hintergrundinformationen »Symbole als Vertiefung« ab Seite 116.
Durch die Lenkung der Aufmerksamkeit wird der Energiefluss in den Chakras verstärkt und die Bewusstheit in diesem Bereich erhöht. Sie werden in der nachfolgenden Übung achtsam durch die sieben Energiezentren »reisen«. Betrachten Sie dazu einige Minuten lang die geometrischen Formen, die jedem *Chakra* zugeordnet werden, und prägen Sie sich die Keimsilben ein, die Sie während der Übung jeweils dreimal innerlich wiederholen.
Wenn Sie bereits etwas geübter sind, können Sie die Silben innerhalb des jeweiligen Symbols vorstellen.

Wenn Sie Musik gewählt haben, um sich auf die Entspannung vorzubereiten, schalten Sie jetzt Ihren CD-Spieler an.
Legen Sie sich bequem auf den Rücken, die Beine leicht gegrätscht, die Arme liegen neben dem Körper. Lockern Sie beengende Kleidung und legen Sie, wenn möglich, Uhr und Schmuck ab. Lassen Sie sich ausreichend Zeit, eine bequeme Position zu finden, damit Sie sich während der Übung nicht bewegen müssen. Eine leichte Decke sorgt dafür, dass es Ihnen während der tiefen Entspannung nicht kalt wird.
Lassen Sie die Augen während der ganzen Übung geschlossen.
Sprechen Sie nachfolgende Sätze im Inneren:

- Ich bin mir bewusst, dass ich *Yoga Nidra* übe.
- Während der Übung werde ich nicht einschlafen. Ich bin ganz entspannt und dabei wach und klar.
- Ich bin mir meines Körpers und meines Geistes bewusst. Ich bin mir meines Körpers und meines Geistes bewusst.

Werden Sie sich wieder Ihres Atems bewusst. Nehmen Sie wahr, wie der Atem ein- und ausströmt. Sie sind Beobachter Ihres Atems, lenken Sie Ihre Aufmerksamkeit zum Bauchnabel und beobachten Sie das Heben und Senken des Bauchnabels.

Vertiefen Sie die Atmung und richten Sie Ihre Aufmerksamkeit auf die Nasenlöcher. Nehmen Sie wahr, wie der Atem ein- und ausströmt. Zählen Sie beim Einatmen bis 2, beim Atemanhalten bis 4 und beim Ausatmen ebenfalls bis 4. Sie können den Atemrhythmus verlängern auf: einatmen bis 4 zählen, anhalten bis 8 zählen, ausatmen ebenfalls bis 8 zählen. Wählen Sie die Variante, die Ihnen leicht fällt.

Sprechen Sie jetzt in Ihrem Geist die einzelnen Körperteile an:
- rechter Daumen, Zeigefinger, Mittelfinger, Ringfinger, kleiner Finger, Handfläche, Handrücken, Handgelenk – die ganze rechte Hand, das Innere der rechten Hand
- rechter Unterarm, Ellbogen, Oberarm, Schultergelenk, Schulter, Achselhöhle – der ganze rechte Arm, die rechte Schulter, das Innere der rechten Schulter
- rechte Seite des Brustkorbs, Rippen, Taille, Hüfte, Hüftgelenk, Becken – alle inneren Organe in der rechten Seite des Brust- und Bauchraums
- rechter Oberschenkel, Knie, Unterschenkel – das ganze rechte Bein, das Innere des rechten Beins
- rechtes Fußgelenk, Fußrücken, großer Zeh, zweiter Zeh, dritter Zeh, vierter Zeh, kleiner Zeh, Fußsohle – der ganze rechte Fuß, das Innere des rechten Fußes
- die ganze rechte Seite – die ganze rechte Seite.

Lenken Sie die Aufmerksamkeit zum linken Daumen und sprechen Sie im Inneren:

- linker Daumen, Zeigefinger, Mittelfinger, Ringfinger, kleiner Finger, Handfläche, Handrücken, Handgelenk – die ganze linke Hand, das Innere der linken Hand
- linker Unterarm, Ellbogen, Oberarm, Schultergelenk, Schulter, Achselhöhle – der ganze linke Arm, die linke Schulter, das Innere der linken Schulter
- linke Seite des Brustkorbs, Rippen, Taille, Hüfte, Hüftgelenk, Becken – alle inneren Organe in der linken Seite des Brust- und Bauchraums
- linker Oberschenkel, Knie, Unterschenkel – das ganze linke Bein, das Innere des linken Beins
- linkes Fußgelenk, Fußrücken, großer Zeh, zweiter Zeh, dritter Zeh, vierter Zeh, kleiner Zeh, Fußsohle – der ganze linke Fuß, das Innere des linken Fußes
- die ganze linke Seite – die ganze linke Seite.

Richten Sie Ihre Aufmerksamkeit auf die Körperrückseite:

- Fersen, Rückseite der Unterschenkel, Kniekehlen, Oberschenkel, Gesäß
- unterer Rücken, oberer Rücken, Schulterblätter
- Rückseite der Oberarme, Ellbogen, Unterarme, Hände
- Nacken, Hinterkopf, Scheitel
- die ganze Körperrückseite – die ganze Körperrückseite
- Stirne, Augenbrauen, Augen, der Bereich zwischen den Augenbrauen, Oberlid und Unterlid, der Raum zwischen den Lidern
- Oberkiefer, Nase, Oberlippe und Unterlippe, der Raum zwischen den Lippen
- Unterkiefer, Ohren, Kinn – das ganze Gesicht
- der ganze Kopf, das Gehirn, die Sinnesorgane
- Hals, Schulterbereich, Vorderseite der Oberarme, Ellbogen, Unterarme, Hände
- Vorderseite des Brustkorbs, Oberbauch, Nabel, Unterbauch

- Vorderseite der Oberschenkel, Knie, Unterschenkel, Füße
- die ganze Körpervorderseite – die ganze Körpervorderseite
- der ganze Körper – der ganze Körper

Nehmen Sie wahr, wo Ihr Körper auf dem Boden aufliegt:
- die Fersen – der Raum zwischen den Fußgelenken und dem Boden
- Unterschenkel, Oberschenkel, der Raum zwischen Kniekehlen und Boden
- Gesäß, unterer Rücken, der Raum zwischen Lendenwirbelsäule und Boden, oberer Rücken und Schulterblätter
- Schultern, Oberarme, Ellbogen, Unterarme, Hände – der Raum zwischen Handgelenken und Boden
- der Raum zwischen Nacken und Boden, der Hinterkopf

Stellen Sie sich vor, wie Ihr Körper von einer feinen Hülle aus Licht umgeben ist. In dieser Lichthülle eingebettet, visualisieren Sie die Energiezentren in Form einer geöffneten Blüte oder eines Rades, das sich dreht.

Lenken Sie die Aufmerksamkeit auf **Muladhara-Chakra,** an der Basis der Wirbelsäule zwischen After und Geschlechtsorganen.
Stellen Sie sich vor, wie Sie sich über dieses Energiezentrum mit der Erde verbinden. Die Kraft der Erde fließt in Ihren Körper. Sie sind ein Teil der Natur.
Wiederholen Sie dreimal: Lebenskraft in meinem Wurzel*chakra*. Stellen Sie sich ein gelbes Viereck vor und tönen Sie innerlich dreimal LAM.

Lenken Sie die Aufmerksamkeit auf **Svadhistana-Chakra** auf Höhe des Kreuzbeins und des Unterbauchs.
Stellen Sie sich vor, wie Sie sich mit dem Element Wasser, mit den Kräften des Wassers, mit den fließenden, lebensspendenden Anteilen in sich verbinden.

Wiederholen Sie dreimal: Das Wasser des Lebens und der Fruchtbarkeit in meinem Sexual*chakra*.
Stellen Sie sich einen silbernen, liegenden Halbmond in Ihrem Unterleib vor und tönen Sie innerlich dreimal VAM.

Lenken Sie die Aufmerksamkeit auf **Manipura-Chakra** unterhalb der Rippen und etwas oberhalb des Nabels.
Stellen Sie sich vor, wie Sie ein inneres Feuer entfachen und sich mit dem aktivierenden und auch transformierenden Feuerelement verbinden.
Wiederholen Sie dreimal: Ich bin die strahlende Sonne meines Lebens.
Stellen Sie sich in diesem Bereich ein rotes Dreieck mit der Spitze nach unten vor und tönen Sie dreimal RAM.

Lenken Sie Ihre Aufmerksamkeit auf das **Anahata-Chakra** auf Höhe der Brustwirbelsäule und des Herzens.
Lassen Sie diesen Herzbereich ganz weit und leicht werden und verbinden Sie sich mit dem verbindenden Luftelement, durch das Pflanzen, Tiere und Menschen miteinander verbunden sind.
Wiederholen Sie dreimal: Göttlicher Lebensatem in mir und in allem.
Stellen Sie sich einen blauen, sechseckigen Stern vor und tönen Sie innerlich dreimal YAM.

Lenken Sie Ihre Aufmerksamkeit auf **Vishudda-Chakra** auf Höhe des Nackens und des Kehlkopfs.
Ihr Atem verbindet sich mit dem Element Äther, mit der sichtbaren und mit der feinstofflichen, nicht sichtbaren Welt. Der Atem stellt die Verbindung her zwischen der kosmischen Ordnung und der inneren Ordnung.
Wiederholen Sie dreimal: Ich kommuniziere mit der sichtbaren und unsichtbaren Welt. So finde ich meine Wahrheit.
Stellen Sie sich ein violettes Oval vor. Violett steht für Reinigung

auf spiritueller Ebene sowie geistige Konzentration und Weisheit. Wiederholen Sie im Inneren dreimal HAM.

Lenken Sie Ihre Aufmerksamkeit auf **Ajna-Chakra** zwischen den Augenbrauen.
Verbinden Sie sich in diesem Zentrum mit Ihrer Intuition.
Schauen Sie nach innen, um zu erkennen, dass Innen und Außen eins sind. Wichtig ist das Jetzt, der Moment der völligen Bewusstheit.
Wiederholen Sie dreimal: Mein Höheres Selbst spricht zu mir durch meine Intuition.

Lenken Sie Ihre Aufmerksamkeit auf **Sahasrara-Chakra** auf Ihrem Scheitel.
Stellen Sie sich dieses Energiezentrum wie eine Krone vor, die nach oben geöffnet ist. Über diese Öffnung fließt weißes Licht in Ihren Scheitel, das sich von dort aus im ganzen Körper verteilt. Es erfüllt jede Zelle mit Licht und Energie.
Tönen Sie in Ihrem Inneren dreimal das OM.

Sprechen Sie dreimal Ihr *Sankalpa*. Verbinden Sie diesen Satz mit einem Chakra und dem dazugehörigen Symbol, das Sie für die Verwirklichung des Entschlusses für besonders wichtig halten. Lassen Sie sich dabei von Ihrer Intuition lenken.

Kommen Sie langsam wieder zurück, nehmen Sie die Geräusche um sich herum wahr. Bewegen Sie Füße und Beine, Arme und Hände und zuletzt den ganzen Körper. Dehnen und strecken Sie sich ausgiebig, strecken Sie Arme und Beine zur Decke und schütteln Sie den ganzen Körper kräftig aus. Lassen Sie dann noch einen Moment die Augen geschlossen und spüren Sie nach, was jetzt in Ihrer Erinnerung besonders präsent ist. Nehmen Sie sich, wenn möglich, Zeit, ein paar Zeilen aufzuschreiben oder ein Bild zu malen, das Ihre Gefühle ausdrückt.
Erweitern Sie nach einiger Zeit die Übung, indem Sie sich die Tiere

vorstellen, die in den indischen Darstellungen den fünf Chakras zugeordnet sind (siehe »Chakras, Kraftzentrum des Lebens« ab Seite 124). In meiner Praxis hat sich allerdings sehr bewährt, eigene Tiere auftauchen zu lassen.

Lenken Sie die Aufmerksamkeit auf das jeweilige Energiezentrum und laden Sie ein Tier ein, diese Energie in ihrem jetzigen Stadium zu repräsentieren. Taucht zum Beispiel im *Manipura-Chakra,* dem *Chakra,* das in besonderem Maße für die Ich-Entfaltung steht, eine Maus auf, so kann das ein Hinweis sein, dass Sie sich mehr oder weniger bewusst klein und ängstlich fühlen. Sie können dann in der nächsten Zeit Ihre Aufmerksamkeit verstärkt darauf richten. Fragen Sie die Tiere nach ihrer Botschaft, so kommen Sie in Kontakt mit unbewussten ungelebten Anteilen, die ans Licht geholt werden möchten.

Mögliche Fragen, die sich aus der Yoga Nidra-Praxis ergeben können

- Was mache ich, wenn ich sofort einschlafe? –
- Üben Sie im Sitzen oder stellen Sie die Unterarme oder Beine auf. Sollten Sie einschlafen, gleiten die Beine nach vorne – das weckt in der Regel auf.
- Was mache ich falsch, wenn mein *Sankalpa* nicht wirkt? – Das *Sankalpa* passt nicht wirklich zu Ihnen und Ihrer Situation. Sie waren während Ihrer Yoga Nidra-Übung nicht tief genug entspannt, nicht auf der Alpha-Ebene. Eigene Zweifel sind größer als das Vertrauen in die Wirkung von Yoga Nidra (siehe auch »Das ›Zauberwort‹ – Sankalpa« ab Seite 103)
- Ich werde eher unruhig als ruhig, kann ich etwas dagegen tun?
- Diese paradoxe Wirkung kann sich einstellen, wenn Sie im Moment mit einem Problem bewusst oder unbewusst sehr beschäftigt sind. Haben Sie Geduld und üben Sie zunächst nur die Tiefenentspannung und die Energielenkung im Körper. Fügen Sie das *Sankalpa* erst später wieder ein. Anstelle dessen lassen Sie ein Gefühl von Leichtigkeit, Entspannung und Ruhe entstehen (siehe »Yoga Nidra II« ab Seite 137).

- Ich kann einen ganz bestimmten Gedanken nicht loslassen, er verfolgt mich immer wieder. Was kann ich tun?

- Suchen Sie eine Therapeutin/einen Therapeuten auf, um das dahinter liegende Problem zu bearbeiten. Es lohnt sich! In diesem Fall hat Ihr Unbewusstes Sie durch *Yoga Nidra* auf etwas aufmerksam gemacht, was gelöst werden sollte.

- Kann ich etwas falsch machen?

- Im Prinzip nein. Allerdings sollten Sie sich bewusst sein, dass die Formulierung des *Sankalpa* sorgfältig gewählt werden muss, da es sehr wirksam ist. Deshalb ist es auch wichtig, das *Sankalpa* positiv und aufbauend zu formulieren.

- Gibt es Gefahren?

- Auch hier kann ich Sie wieder im Prinzip beruhigen. Allerdings sollten Sie *Yoga Nidra* nicht alleine üben, wenn Sie sich in einer akuten psychischen Problem-Situation befinden, sondern in diesem Fall zuerst therapeutische Hilfe suchen.

6

MIT YOGA NIDRA DAS LEBEN MEISTERN

Stress bewältigen

Zwei Termine zur gleichen Zeit, Stau auf der Straße, das Handy klingelt und schon spürt man, wie die Verspannung im Nacken sich langsam zur Migräne entwickelt. Im Gehirn herrscht Hochbetrieb und die Alarmknöpfe werden gedrückt.

Stress-Reaktionen sind ursprünglich Schutzmechanismen, mit denen der Körper vor gefährlichen Reizen warnt; also stammesgeschichtlich uralte, biochemisch gesteuerte Lebensretter. Seine ursprünglichen Funktionen erfüllt der Stressmechanismus in Gefahrensituationen auch heute noch.

Den Begriff Stress prägte ein österreichischer Biochemiker namens Hans Selye erst vor wenigen Jahrzehnten. Seine Beschreibung klingt wesentlich harmloser als das, was wir in einer solchen Situation erleben; er nannte es eine »unspezifische Reaktion des Körpers auf irgendeine Anforderung«. Mit später entwickelten Testverfahren war man in der Lage, das oben beschriebene Chaos, das negativ erlebt wird, von dem zu unterscheiden, das auftritt, wenn man sich unsterblich verliebt hat. In einem solchen Fall wird das Klingeln des Handys ersehnt, auch wenn man eigentlich eine Arbeit schreiben soll. Ersteres Phänomen nannte Selye Dis-Stress, letzteres Eu-Stress.

Im Limbischen System, dem Gefühlszentrum im Zwischenhirn, entsteht eine Kaskade elektrischer Impulse als Reaktion auf einen Außenreiz. Diese Impulse signalisieren Gefahr und geben diese Information in Sekundenbruchteilen an den Hypothalamus weiter. Dort wird ein Hormon ausgeschüttet, das eine weitere Kettenreaktion in Gang setzt. Es sorgt in der Hypophyse dafür, dass ein Hor-

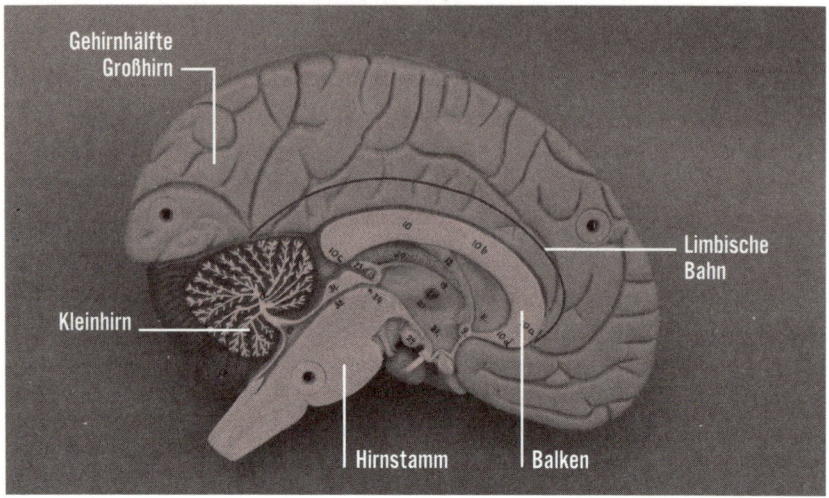

mon in den Blutkreislauf ausgeschüttet wird, das die Nieren erreicht und die Nebenniere stimuliert, Cortisol ins Blut abzugeben.
Cortisol hat eine Reihe von Funktionen: Es mobilisiert Energiere-
serven, indem es den Blutzuckerspiegel erhöht, Eiweiß abbaut (für
die Muskulatur) und Fettsäuren aus dem Fettgewebe freisetzt. Ent-
zündungen, aber auch die Immunabwehr werden dabei gehemmt,
die Wahrnehmung für Umweltreize wird geschärft: Man hört,
riecht, schmeckt besser und nimmt Berührungsreize intensiver
wahr. Während dieser hormonellen Kettenreaktion kommt es –
ebenfalls durch ein Hormon ausgelöst – zu einer Aktivierung des
Sympathischen Nervensystems. Dessen Signale führen zu einem
Anstieg des Herzschlags und zur Freisetzung der Stresshormone
Adrenalin und Noradrenalin im Nebennierenrindenmark. In kür-
zester Zeit befinden sich jetzt diese Hormone im Körper und lösen
charakteristische Folge-Reaktionen aus: Die Blutgefäße unter der
Haut verengen sich, die Durchblutung der Muskulatur wird verstärkt, Blutdruck und Herzfrequenz steigen, die Leber setzt Glucose
frei, die Bronchien weiten sich, die Atmung verändert sich, das Gehirn wird verstärkt mit Sauerstoff versorgt, der Körper ist in höchster Alarmbereitschaft.
Die Ausschüttung von Sexualhormonen wird unterbunden, die

Verdauungsvorgänge werden ausgeschaltet. Alles im Körper bereitet sich auf einen möglichen Angriff oder auf die Flucht vor. Obwohl der Mensch hellwach ist, kann es im Gehirn durch eine vorübergehende Unterbrechung der Weiterleitung von Nervenimpulsen zu einer kurzen Gedankenleere kommen. d. h., überlegtes Denkvermögen wird zugunsten vorprogrammierter Reflexhandlungen eingeschränkt.

Solche Abläufe treten mehrmals am Tag auf und sind in einem gewissen Maße gesund. Sie erhalten den Menschen lebendig, reaktionsfähig und anpassungsfähig an neue Situationen.

Für all diese Prozesse spielt es zunächst keine Rolle, ob Ärger oder Liebe im Spiel ist. Allerdings ist der positive Stress meist nicht von so langer Dauer und wir erleben ihn völlig anders, fühlen uns angeregt, lebendig und glücklich. Der als negativ gewertete Stress entsteht vor allem durch belastende psychische Situationen, Arbeitsüberlastung, Schlafmangel, zu viele Eindrücke auf allen Ebenen, Wohnraumenge, Lärm, falsche Ernährung etc. Auch Infekte oder Operationen, ein Umzug, können heftige Stress-Reaktionen auslösen. Da sich Reizüberflutung und viele andere Stressfaktoren in den letzten Jahren vervielfacht haben, zählt Dis-Stress zu einer der Hauptursachen für die Schwächung des Immunsystems. Dauernd wiederkehrende Infekte, das sogenannte »Chronische Müdigkeitssyndrom« oder auch das »Burnout-Syndrom« sind die Folgen. Ein geschwächtes Immunsystem ist nicht nur eine Gefahr für den Körper, sondern wirkt sich auch auf unsere emotionale Befindlichkeit aus. Unlustgefühle, mangelnde Lebensfreude, sexuelle Störungen, depressive Verstimmungen und extreme Stimmungsschwankungen sind die Folge. Dazu kommt, dass wir uns in nervlich belastenden Situationen meist negativ programmieren. Wir sehen die Welt ganz und gar nicht mehr rosig. Unser Gehirn produziert jetzt ein Übermaß an Beta-Wellen. Die Aktivität der rechten Gehirnhälfte ist weitgehend reduziert. Das Körpergefühl ist kaum mehr vorhanden, wir scheinen nur noch aus Kopf zu bestehen. Damit sind wir weitgehend abgeschnitten von unserer körperlichen vitalen Kraft, genauso wie von Kreativität, Inspiration und Intuition. Gerade das wäre aber im Moment am nötigsten, um aus dem Kreislauf Stress-Angst-Panikreaktion herauszukommen. Männer reagieren auf Stress heftiger als Frauen – so sagen es jedenfalls die Statistiken. Bei Männern schießt zum Beispiel der Blutdruck schneller in die Höhe als bei Frauen. Frauen haben allerdings häufig mehr Stress zu bewältigen, denn sie kümmern sich um die vielen kleinen und großen Dinge des Alltags in größerem Maße als Männer. Ein stressfreies Leben zu führen dürfte wohl für Männer und Frauen kaum noch möglich sein, aber man kann lernen, mit Stress umzugehen. Besonders am Herzen liegen mir dabei die Kinder, die bereits in den ersten Schuljahren unter Stress-Symptomen leiden. Für sie gilt in besonderem Maße, dass sie »Auszeiten« brauchen ohne Leistungs-, Sport- und Termindruck. Gerade sie brauchen Zeit, um selbstvergessen ins Spiel vertieft zu sein, um in ihrer Phantasiewelt zu leben. Vielleicht erinnern Sie sich an das Buch »Chocolat«, bei dem das kleine Mädchen immer mit seinem imaginären Kaninchen Pantoufle spricht. Zu ihren Freunden zählen diejenigen, die an dessen Existenz glauben, ja, es vielleicht sogar auch sehen.

Am Ende des Buchs, als alle Probleme gelöst sind, darf Pantoufle davonhoppeln. Das hilfreiche innere Bild wird nicht mehr gebraucht, um Ängste und inneren Stress abzubauen.

Um die körperliche und seelische Gesundheit zu stabilisieren und den Umgang mit Stress zu erleichtern, sollten Sie täglich mindestens 15 Minuten »auf Alpha sein«, Ihre Gehirnfrequenz damit auf 14–10 Zyklen pro Sekunde absenken und damit die Fähigkeiten Ihrer rechten Gehirnhälfte besser nutzen.

Yoga Nidra ist bestens dazu geeignet, mit Stress umzugehen. Entspannungs-, Atem- und Visualisierungsübungen, das geistige Entrümpeln und gelenkte Imagination eines Ziels bringen den Menschen auf allen Ebenen wieder ins Lot.

ÜBUNG

Sorgen Sie dafür, dass Sie ausreichend Zeit haben und möglichst nicht gestört werden (Handy ausschalten!) und dämpfen Sie das

Licht. Hören Sie einige Minuten lang ein beruhigendes Musikstück, summen oder singen Sie mit und bewegen Sie sich möglichst dazu. Sie bereiten damit Ihren Körper auf die nachfolgende Entspannung vor.

Legen Sie sich bequem auf den Rücken, die Beine leicht gegrätscht, die Arme liegen neben dem Körper. Lockern Sie beengende Kleidung und legen Sie Uhr und Schmuck ab. Lassen Sie sich ausreichend Zeit, eine bequeme Position zu finden, damit Sie sich während der Übung nicht bewegen müssen. Eine leichte Decke sorgt dafür, dass es Ihnen während der tiefen Entspannung nicht kalt wird.

Lassen Sie die Augen während der ganzen Übung geschlossen.

Sprechen Sie nachfolgende Sätze im Inneren:

- Ich bin mir bewusst, dass ich *Yoga Nidra* übe.
- Während der Übung werde ich nicht einschlafen. Ich bin ganz entspannt und dabei wach und klar.
- Ich bin mir meines Körpers und meines Geistes bewusst. Ich bin mir meines Körpers und meines Geistes bewusst.

Nehmen Sie Ihren Atem wahr, ohne ihn zu beeinflussen. Ihr Atem wird Sie tiefer und tiefer führen. Bewusstes Ausatmen hilft Ihnen, sich von den Gedanken des Alltags zu lösen. Jedes Ausatmen führt Sie tiefer und tiefer in die Entspannung.

Auftauchende Gedanken lassen Sie sofort wieder gehen. Beobachten Sie die Gedanken und Gefühle wie von außen. Lassen Sie nach und nach ein Gefühl der Ruhe entstehen.

Stellen Sie sich eine Treppe vor, die Sie langsam Stufe für Stufe nach unten gehen, während Sie von 10 bis 1 zählen. Bei 1 angekommen stellen Sie sich einen inneren Entspannungsplatz vor. An diesem Platz fühlen Sie sich sicher und geborgen, ruhig und entspannt.

Wiederholen Sie dreimal »Mein Entspannungsplatz ist eine Oase der Ruhe, nichts kann diese Ruhe stören.« (Sie können auch eine andere ähnliche Formulierung wählen).

Sprechen Sie in Ihrem Geist die einzelnen Körperteile an. Durch die verstärkte Aufmerksamkeit wird in diesem Teil Ihres Körpers der Energiefluss intensiviert und die Bewusstheit erhöht.

Beginnen Sie mit dem rechten Daumen und sprechen Sie im Inneren:

- rechter Daumen, Zeigefinger, Mittelfinger, Ringfinger, kleiner Finger, Handfläche, Handrücken, Handgelenk – die ganze rechte Hand
- rechter Unterarm, Ellbogen, Oberarm, Schultergelenk, Schulter, Achselhöhle – der ganze rechte Arm, die rechte Schulter
- rechte Seite des Brustkorbs, Rippen, Taille, Hüfte, Hüftgelenk, Becken
- rechter Oberschenkel, Knie, Unterschenkel – das ganze rechte Bein
- rechtes Fußgelenk, Fußrücken, großer Zeh, zweiter Zeh, dritter Zeh, vierter Zeh, kleiner Zeh, Fußsohle – der ganze rechte Fuß
- die ganze rechte Seite – die ganze rechte Seite.

Lenken Sie die Aufmerksamkeit zum linken Daumen und sprechen Sie im Inneren:

- linker Daumen, Zeigefinger, Mittelfinger, Ringfinger, kleiner Finger, Handfläche, Handrücken, Handgelenk – die ganze linke Hand
- linker Unterarm, Ellbogen, Oberarm, Schultergelenk, Schulter, Achselhöhle – der ganze linke Arm, die linke Schulter
- linke Seite des Brustkorbs, Rippen, Taille, Hüfte, Hüftgelenk, Becken
- linker Oberschenkel, Knie, Unterschenkel – das ganze linke Bein
- linkes Fußgelenk, Fußrücken, großer Zeh, zweiter Zeh, dritter Zeh, vierter Zeh, kleiner Zeh, Fußsohle – der ganze linke Fuß
- die ganze linke Seite – die ganze linke Seite.

Richten Sie Ihre Aufmerksamkeit auf die Körperrückseite:

- Fersen, Rückseite der Unterschenkel, Kniekehlen, Oberschenkel, Gesäß

- unterer Rücken, oberer Rücken, Schulterblätter
- Rückseite der Oberarme, Ellbogen, Unterarme, Hände
- Nacken, Hinterkopf, Scheitel
- die ganze Körperrückseite – die ganze Körperrückseite
- Stirne, Augenbrauen, Augen, Augenlider, Oberkiefer, Nase, Oberlippe, Unterlippe, Kinn – der ganze Kopf, das ganze Gesicht
- Hals, Schulterbereich, Vorderseite der Oberarme, Ellbogen, Unterarme, Hände
- Vorderseite des Brustkorbs, Oberbauch, Nabel, Unterbauch
- Vorderseite der Oberschenkel, Knie, Unterschenkel, Füße
- die ganze Körpervorderseite – die ganze Körpervorderseite
- der ganze Körper – der ganze Körper

Wiederholen Sie noch einmal: »Mein Entspannungsplatz ist eine Oase der Ruhe, nichts kann diese Ruhe stören«. (oder die von Ihnen gewählte Formulierung).
Es wird jetzt von allen Körperzellen aufgenommen und beginnt bereits zu wirken.
Stellen Sie sich
- die ruhige Oberfläche eines Sees vor, glatt und unbewegt
- einen wolkenlosen Himmel, hell und klar
- einen dunklen Nachthimmel, übersät mit leuchtenden Sternen
- einen Wassertropfen auf einer Blüte
- eine Sanddüne in der Wüste
- eine friedlich grasende Kuh
- eine schlafende Katze, die tief und gleichmäßig atmet.

Werden Sie sich wieder Ihres eigenen Atems bewusst. Nehmen Sie wahr, wie der Atem ein- und ausströmt. Sie sind Beobachter Ihres Atems und lenken Ihre Aufmerksamkeit zum Bauchnabel. Beobachten Sie das Heben und Senken des Bauchnabels.
Vertiefen Sie die Atmung und richten Sie Ihre Aufmerksamkeit auf die Nasenlöcher. Nehmen Sie wahr, wie der Atem ein- und ausströmt.

Kommen Sie langsam wieder zurück, nehmen Sie Ihren Körper auf der Unterlage wahr. Zählen Sie langsam von 1 bis 10 und kommen Sie die imaginäre Treppe wieder nach oben. Strecken und dehnen Sie sich ausgiebig und setzen Sie sich auf.
Hellwach und klar, ganz im Hier und Jetzt.

Was Sie außerdem noch tun können

- Musik hilft in idealer Weise Stress abzubauen. Hören Sie täglich mindestens 15 Minuten Musik, die Sie als entspannend empfinden. Der Rhythmus der Musik sollte aber möglichst nicht schneller sein als Ihr Herzrhythmus. Eine Art Allheilmittel ist die Musik von Mozart, die fast immer harmonisierend und entstressend wirkt. In einer Empfehlung der Weltgesundheitsorganisation heißt es: »Wer täglich beruhigende Musik hört, aktiviert im Gehirn bestimmte hormonartige Substanzen, die die Abwehrkräfte des Körpers stärken.«

- Tägliche Entspannungspausen sind wichtig, damit Ihr Körper zur Ruhe kommen und Ihr Gehirn Alpha-Wellen erzeugen kann. Alpha-Frequenzen dienen Ihrer Gesundheit und machen kreativer und intuitiver – damit werden Sie stress-resistenter.

- Vermeiden Sie Lärm so weit wie möglich. Bezeichnenderweise leitet sich das Wort »Lärm« von »all'arme« – »zu den Waffen« ab. Durch Lärm befinden wir uns in einem dauernden Alarmzustand.

- Lachen Sie möglichst oft aus vollem Herzen.

- Treiben Sie maßvoll Sport.

- Genießen Sie die Stille, wann immer es Ihnen möglich ist.

Das Wichtigste in Kürze

- Nicht jeder Stress ist ungesund; es gibt ein gewisses Maß an Stress, das anregend wirkt, das in Schwung bringt und ein gutes Gefühl erzeugt, wir nennen ihn Eu-Stress.

- Negativer Stress ist verbunden mit sorgenvollen Gedanken und mit dem Gefühl von Überforderung, wir nennen ihn Dis-Stress.

- Die durch diesen Stress ausgelösten körperlichen Reaktionen schwächen das Immunsystem und begünstigen so das Entstehen von Krankheiten.

- Mit Stress umgehen kann man lernen. *Yoga Nidra* ist eine bewährte Methode, um negativen Auswirkungen von Stress vorzubeugen und sie rechtzeitig abzubauen.
- Mittels des *Sankalpa* kann man lernen, Gewohnheiten und Verhaltensweisen zu verändern, die negativen Stress erzeugen.

Schlafprobleme lösen

Zu allen Zeiten nannte man den Schlaf den »kleinen Bruder des Todes«. Vielleicht ist das der Grund, warum so viele Menschen unter Schlafstörungen leiden. Einschlafen bedeutet, die Kontrolle zu verlieren und uns der Eigenregulation des Körpers anzuvertrauen. Denn obwohl wir für Stunden unsere Selbstwahrnehmung verlieren, laufen die notwendigen Prozesse im Körper – sozusagen ohne unser Zutun – weiter. Wohin verschwindet das, was wir als Bewusstsein bezeichnen? Wir wissen es nicht genau und diese Unsicherheit macht uns Angst. Beruhigend wirkt die Erfahrung, dass wir ein Leben lang jeden Morgen wieder erwachen.

Beschäftigt man sich mit Schlafforschung, erfährt man, dass es viele Gründe für Schlafprobleme gibt:

Das verschobene Gleichgewicht zugunsten des Sympathikus.

Das Vegetative Nervensystem regelt alle wichtigen Funktionen in unserem Körper und ist weitgehend unserer bewussten Kontrolle entzogen. Dabei gibt es zwei Gegenspieler, den Sympathikus und den Parasympathikus. Aktiviert werden sie unter anderem durch zwei Hormone – Noradrenalin und Adrenalin. Kommt es zur Ausschüttung von Adrenalin, wird der Sympathikus in Gang gesetzt, der eine ganze Kaskade von Aktivitäten, wie zum Beispiel die Erhöhung der Herzfrequenz oder die Verengung der Blutgefäße, einleitet. Der Parasympathikus tritt in Aktion, wenn das Essen verdaut werden soll oder wenn wir uns in den Schlaf begeben möchten. Unter seiner Regie kommt es zur Beruhigung im ganzen Körper, die

Herzfrequenz sinkt, Schlafhormone werden produziert, wir werden müde.

Die östlichen Yoga- und Meditationspraktiken haben von jeher zum Ziel, auf die Tätigkeit des sogenannten autonomen Nervensystems regulierend einzuwirken. Durch Atemübungen vertiefen und verlangsamen wir Atem, Herzschlag, Puls und sogar die Tätigkeit von Magen und Darm. Den meisten Menschen gelingt es im Alltag allerdings sehr schwer, Anregung oder Beruhigung in diesem Teil des Nervensystems bewusst herbeizuführen. Wenn Sie unter Schlafstörungen leiden, kennen Sie den Kampf, der jede Nacht beginnt. Gedanken wie »ich muss jetzt schlafen« wechseln sich ab mit Gefühlen von Ohnmacht und Verzweiflung, wenn man an die Anforderungen des nächsten Tages denkt. Wieder schaltet sich der Kopf ein und setzt das Gedankenkarussell aufs Neue in Gang. Auf diese Weise wird der Sympathikus wieder aktiviert und bringt eine übermäßige Wachheit im Kopf bei gleichzeitiger Müdigkeit im Körper.

Um noch einmal auf die Schlafforschung zurückzukommen: Negativer Stress, Informationsüberfülle durch Radio und Fernsehen, falsche Ernährung, zu viel Alkohol und Kaffee oder zu langes Arbeiten am Computer führen zu dieser Konfusion im Kopf. Auch Hormonumstellungen im Körper, wie sie nach einer Geburt oder während der Wechseljahre stattfinden, Krankheit oder Dauerschmerzen stören den gesunden Schlafrhythmus.

Wie Yoga Nidra auf den Schlaf wirkt

Swami Satyananda Saraswati beschreibt in seinem Buch »*Yoga Nidra*«, dass sich normalerweise die Gehirnfrequenz in der Phase des Einschlafens von Beta abwärts zu Theta und schließlich Delta bewegt. Wir »fallen« sozusagen vom Wachbewusstsein in den tiefen Schlaf. Wenn wir *Yoga Nidra* üben, verändern wir diesen Prozess: Die Beta-Wellen werden durchsetzt mit Alpha-Wellen, der Zeitraum, in dem Alpha-Wellen produziert werden, wird verlängert. Während der Alpha-Phase kommt es zu einer Entspannung des gesamten Körpers. Fehlt diese Phase, so schlafen wir mit mehr oder weniger starken Muskel-Spannungen ein, die sich während der Tiefschlafphasen nicht auflösen. Das morgendliche Erwachen ist dann von einem Zerschlagenheitsgefühl begleitet. Beweis für die nächtlichen unaufgelösten Spannungen, die im Schlaf zum Teil sogar noch schlimmer werden, ist auch das Zähneknirschen, das bei Kindern und Erwachsenen gleichermaßen verbreitet ist. Tiefe Entspannung tritt nur während der Alpha-Phase ein. In meiner Praxis habe ich viele Erfahrungen gesammelt mit Menschen, die unter Schlafstörungen leiden. *Yoga Nidra* hat sich dabei sehr gut bewährt. Sie brauchen allerdings auch hier Geduld und dürfen nicht gleich nach wenigen Tagen wieder aufgeben.

Die nachfolgend beschriebene *Yoga Nidra*-Übung wird Ihnen helfen, nicht nur das Einschlafen, sondern auch das Durchschlafen zu verbessern. Es handelt sich allerdings um eine etwas abgewandelte Übungspraxis, d.h., es fehlen in der Regel das *Sankalpa* und die Rückkehr ins Wachbewusstsein.

ÜBUNG

Machen Sie sich bereit für die Nacht. Nehmen Sie sich Zeit, eine bequeme Lage in Ihrem Bett zu finden, so dass Sie sich mit Beginn von *Yoga Nidra* nicht mehr bewegen müssen.

Hören Sie einige Minuten lang ein beruhigendes Musikstück oder summen Sie ein Wiegenlied, das Sie aus Ihrer Kindheit kennen, um sich auf die nachfolgende Entspannung einzustimmen.

Schließen Sie die Augen und wiederholen Sie in Ihrem Innern:

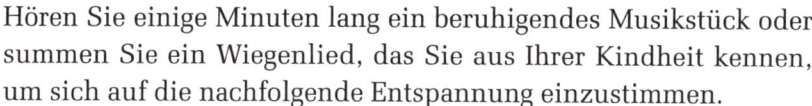 Ich übe *Yoga Nidra*. Es wird mich in einen tiefen und erholsamen Schlaf führen.

Nehmen Sie Ihren Atem wahr und lassen Sie sich von Ihrem Atem tiefer in die Entspannung führen. Verlängern Sie dazu das Ausatmen, um die Entspannung zu unterstützen. Sollte es Ihnen schwer fallen, weil Sie zu angespannt sind, atmen Sie mehrmals hintereinander mit einem leisen ffff-Ton aus; so, als würden Sie die Luft aus einem Luftballon lassen. Bewusstes Ausatmen hilft Ihnen auch, sich von den Gedanken des Alltags zu lösen. Jedes Ausatmen führt Sie tiefer und tiefer in die Entspannung.

Auftauchende Gedanken lassen Sie wieder gehen. Beobachten Sie die Gedanken und Gefühle wie von außen, so entsteht nach und nach ein Gefühl der Ruhe.

Sie können noch ein paar Minuten in der Erinnerung rückwärts durch die Ereignisse des Tages wandern und sie bewusst loslassen. Verweilen Sie weder bei positiven noch bei negativen Ereignissen, sondern sagen Sie sich: »Was heute war, lasse ich los.«

Stellen Sie sich eine Treppe vor, die Sie langsam Stufe für Stufe nach unten gehen, während Sie von 10 bis 1 zählen. Bei 1 angekommen stellen Sie sich einen inneren Entspannungsplatz vor. An diesem Platz können Sie sich völlig sicher und geborgen fühlen. Legen Sie sich in eine imaginäre Hängematte, in der Sie wie ein zufriedenes Baby ruhen.

Gehen Sie jetzt mit Ihrer Aufmerksamkeit durch den Körper und verbinden Sie die einzelnen Körperteile mit dem Begriff »Ruhe«. Beginnen Sie mit dem rechten Daumen und sprechen Sie im Inneren:

Ruhe in meinem

- rechten Daumen, Zeigefinger, Mittelfinger, Ringfinger, kleiner Finger, Handfläche, Handrücken, Handgelenk – in meiner ganzen rechten Hand
- rechten Unterarm, Ellbogen, Oberarm, Schultergelenk, Schulter, Achselhöhle – Ruhe im ganzen rechten Arm, in der rechten Schulter
- Ruhe in der rechten Seite des Brustkorbs, Rippen, Taille, Hüfte, Hüftgelenk, Becken
- im rechten Oberschenkel, Knie, Unterschenkel – im ganzen rechten Bein
- im rechten Fußgelenk, Fußrücken, im großen Zeh, zweiten Zeh, dritten Zeh, vierten Zeh, kleinen Zeh, in der Fußsohle – im ganzen rechten Fuß
- Ruhe in meiner ganzen rechten Seite – in meiner ganzen rechten Seite.

Lenken Sie die Aufmerksamkeit zum linken Daumen und sprechen Sie im Inneren: Ruhe in meinem

- linken Daumen, Zeigefinger, Mittelfinger, Ringfinger, kleiner Finger, Handfläche, Handrücken, Handgelenk – in der ganzen linken Hand
- im linken Unterarm, Ellbogen, Oberarm, Schultergelenk, Schulter, Achselhöhle – im ganzen linken Arm, in der linken Schulter
- in der linken Seite des Brustkorbs, Rippen, Taille, Hüfte, Hüftgelenk, Becken
- im linken Oberschenkel, Knie, Unterschenkel – im ganzen linken Bein
- im linken Fußgelenk, Fußrücken, im großen Zeh, zweiten Zeh, dritten Zeh, vierten Zeh, kleinen Zeh, Ruhe in der Fußsohle – im ganzen linken Fuß
- Ruhe in meiner ganzen linken Seite – in meiner ganzen linken Seite.

Richten Sie Ihre Aufmerksamkeit auf die Körperrückseite: Ruhe in meinen

- Fersen, Rückseite der Unterschenkel, Kniekehlen, Oberschenkel, Gesäß
- im ganzer Rücken
- in der Rückseite der Oberarme, Ellbogen, Unterarme, Hände
- im Nacken, Hinterkopf, Scheitel
- Ruhe in meiner ganzen Körperrückseite – meiner ganzen Körperrückseite

Ruhe in meiner

- Stirne, Augenbrauen, Augen, Augenlider, Oberkiefer, Nase, Oberlippe, Unterlippe, Kinn – im ganzen Kopf, im ganzen Gesicht
- im Hals, Schulterbereich, Vorderseite der Oberarme, Ellbogen, Unterarme, Hände
- in der Vorderseite des Brustkorbs, des Bauchs und des Beckens

- in der Vorderseite der Oberschenkel, Knie, Unterschenkel, Füße
- Ruhe in meiner ganzen Körpervorderseite – meiner ganzen Körpervorderseite
- Ruhe in meinem ganzen Körper – in meinem ganzen Körper.

Sollten Sie nach dieser Körperreise noch nicht eingeschlafen sein, beginnen Sie wieder beim rechten Daumen. Einige meiner Klientinnen haben berichtet, dass sie anfangs drei- bis fünfmal durch ihren Körper gewandert sind, bis sie schließlich zwischen Knie und Becken endlich eingeschlafen konnten.

Was Sie außerdem noch tun können

- Schalten Sie alle Informationsquellen wie Fernseher, Radio und Computer mindestens eine Stunde, bevor Sie zu Bett gehen aus.
- Lesen Sie Entspannendes, vermeiden Sie aufregende Krimis oder schwierige Lektüre, die Nachdenken erfordert.
- Trinken Sie möglichst keinen Alkohol, bevor Sie zu Bett gehen. Zwar schlafen Sie dann schneller ein, aber meistens schlechter durch. Leberbelastung, wie sie durch höheren Alkoholkonsum verursacht wird, führt zu nächtlichem Erwachen meist zwischen 1 und 3 Uhr morgens.
- Essen Sie grundsätzlich nicht zu spät und nicht zu schwer.
- Üben Sie das Loslassen durch eine abendliche Rückschau, in der Sie den vergangenen Tag mit all seinen Ereignissen bewusst loslassen.
- Pflegen Sie Rituale wie das Abendgebet oder eine Bitte um Verzeihung an alle Menschen, denen Sie im Verlauf des Tages unrecht getan haben.

Das Wichtigste in Kürze

- Eine gestörte Harmonie im Vegetativen Nervensystem, die zu einer Überaktivität des Sympathikus führt, verhindert gesunden Schlaf.
- Unverarbeitete Probleme, starke gefühlsmäßige Belastungen, Sorgen, Ängste, Verluste oder auch körperliche Umstellungs-

phasen und Krankheit gehören zu den Faktoren, die einen gesunden Schlaf verhindern.

- Häufig fehlt durch ein zu schnelles Einschlafen die vorbereitende Alpha-Phase, während der sich der Körper ganzheitlich entspannt. So werden Muskelspannungen mit in den Schlaf genommen und führen zu häufigem Aufwachen und Durchschlafstörungen.
- *Yoga Nidra* führt zur Tiefenentspannung, zur verstärkten Bildung von Alpha-Wellen im Gehirn und damit zu einer harmonischen Absenkung der Gehirnfrequenz, während der Spannungen gelöst werden.
- *Yoga Nidra* führt – regelmäßig geübt – zu einer deutlichen Verbesserung der Schlafqualität.

Die innere Stimme hören – Probleme lösen – Kreativität entwickeln

Sicher kennen Sie Geschichten von Menschen, deren Leben sich durch eine kreative Idee verändert hat oder die zumindest durch einen solchen Einfall zur Lösung eines wichtigen Problems gefunden haben. So gehen zum Beispiel die Entdeckung des Benzol-Rings durch Kekulé oder die Erfindung der Nähmaschine auf entsprechende Tagträume zurück; von Einstein gibt es mehrere Zitate, in denen er die Intuition als wegweisende Kraft auf dem Weg zur Entdeckung der Relativitätstheorie bezeichnete.

Und sicher kennen Sie dieses Phänomen auch aus Ihrem eigenen Leben: Sie suchen nach dem Namen eines alten Bekannten, so sehr Sie Ihr Gehirn auch martern, er fällt Ihnen nicht mehr ein. Ein paar Stunden später sitzen Sie entspannt beim Abendessen und da ist der Name. Oder Sie versuchen die Lösung eines Problems zu finden, Sie sammeln die notwendigen Informationen, wägen ab, schreiben Vor- und Nachteile auf und trotzdem kommen Sie zu keiner Lösung. Und da wachen Sie nachts auf und wissen, was zu tun ist. Vielleicht ist es ein Traum, der Sie zur Lösung geführt hat, oder einfach nur ein »Ein-fall«. Das klingt nach Passivität, nicht Sie haben mühsam etwas gemacht, sondern es ist Ihnen eingefallen. Der Grund dafür war, dass Sie im Schlaf oder im entspannten Zustand offen sind, damit etwas hineinfallen kann. Aber woher kommen Einfälle, wie sie Karlheinz Böhm hatte, als eine Wette in einer Fernsehsendung sein ganzes folgendes Leben veränderte?

Wenn wir Probleme lösen, wichtige Entscheidungen treffen oder zu einer wichtigen Erkenntnis gelangen wollen, ist das bewusste Nachdenken sicher eine wichtige Voraussetzung. Sehr hilfreich finde ich dabei das Erstellen einer sogenannten »Mind map«. Diese Sammlung aller Aspekte eines Themas bringt besonderen Erfolg, wenn Sie zuvor *Yoga Nidra* geübt haben. Ihr Bewusstsein ist dann besonders offen für kreative Einfälle und wichtige Erkenntnisse.

Nehmen Sie dazu ein großes Blatt Papier und schreiben Sie das Thema in der Mitte in einen Kasten oder einen Kreis. Formulieren Sie alle Aspekte, die Ihnen zu diesem Thema einfallen, sie werden ebenfalls in Kästchen oder Kreise verpackt und auf das Blatt geschrieben, zum Beispiel die positiven rechts und die negativen links. Lassen Sie sich dabei von Ihrer Intuition leiten, denken Sie zunächst nicht darüber nach. Erst wenn Sie fertig sind, betrachten Sie das so entstandene Bild und lassen es auf sich wirken. Sicherlich werden Sie auf diese Weise neue Ideen und Impulse bekommen oder sich darüber Gedanken machen, warum Sie ein Kästchen auf der Negativ-Seite finden, das Sie eigentlich auf die andere Seite schreiben wollten. Wenn Sie genauer nachdenken, finden Sie vielleicht heraus, dass Ihre Intuition gehandelt hat, ohne dass Sie es bewusst wahrgenommen haben.

Wie Yoga Nidra wirkt

Im Kapitel »Bewusstsein und Unbewusstes« finden Sie Hinweise darauf, welche wichtige Quelle der Inspiration das persönliche und vor allem das kollektive Unbewusste darstellt. C. G. Jung hatte Methoden entwickelt, wie man mit dem Unbewussten in Kontakt tritt, indem man zum Beispiel Phantasiegestalten auftreten lässt, mit denen man dann über das jeweilige Thema spricht. Er berich-

tet in seinen Lebenserinnerungen, dass er diese inneren Gespräche
auf langen Spaziergängen oder in seinem geliebten Garten führte.
Man kann also davon ausgehen, dass er während dieser Gespräche
auf einer tieferen und entspannteren Bewusstseinsebene war, in
der sein Gehirn verstärkt Alpha-Frequenzen produzierte.
Genau das möchte ich Ihnen raten, wenn Sie sich auf die Suche
nach einer Problemlösung machen: Nehmen Sie sich Zeit, entspannen Sie sich und üben Sie *Yoga Nidra* mit dem Ziel, eine Antwort
auf Ihre Frage oder eine Lösung für Ihr Problem zu bekommen. Am
eindrucksvollsten zeigen mir meine Erfahrungen in der Praxis, wie
wirksam diese Methode ist. Ich denke an eine junge Frau, die mit
dem sehnlichen Wunsch zu mir kam, eine Lösung für Ihre Famili-
enkrise zu finden. Während eines tiefen Entspannungszustands,
der von Musik begleitet wurde, stellte sie die Frage, was sie dafür
tun könne. Nach wenigen Sekunden tauchte ein großer, starker
Baum auf mit einem festen Stamm und einer sehr beweglichen
Krone. Sie nahm Kontakt mit dem Baum auf und stellte fest, dass er
nicht tief genug wurzelt. So ließ sie nach und nach tiefe Wurzeln
wachsen, bis sie das Gefühl hatte, dass der Baum jetzt fest verankert ist. Dann genoss sie eine ganze Zeit dieses Gefühl, fest und sicher zu stehen und dennoch ein großes Maß an Beweglichkeit in
den Ästen und in der Krone zu haben. Sie beschäftigte sich fast
eine Stunde mit dem Baum, wurde eingehüllt von ihm, wurde
selbst zum Baum, bis sie das »Baum-Gefühl« fest in sich verankert
hatte. Im anschließenden Gespräch waren wir beide erstaunt, wie
klar und deutlich diese Botschaft war. Durch dieses Bild erkannte
sie, wie sehr sie durch ihre Angst um die Beziehung selbst den Halt
verloren hatte. Der Partner fühlte sich zunehmend durch ihren
Wunsch überfordert, ihr diesen verlorenen Halt zu ersetzen und
ihre Ängste dadurch aufzulösen.
Viele meiner KursteilnehmerInnen arbeiten inzwischen mit dieser
Methode, mit Hilfe von Musik und *Yoga Nidra* Informationen zu
bekommen, die durch bloßes Nachdenken nie zu erhalten wären.
Besonders beeindruckend fand ich das Vertrauen einer jungen
Frau, die selbst in einer sehr bedrohlich scheinenden beruflichen

Situation unverändert an den Zugang zum universellen Wissen glaubte. Ihre inneren Berater, die dieses Wissen verkörpern, blieben sehr gelassen und signalisierten ihr, sie solle das Gleiche tun, es würde alles gut. Sie entwickelte ein entsprechendes *Sankalpa* und konnte nach einigen Monaten zurückblickend sagen, dass es sogar noch besser gekommen war, als sie erwartet hatte.

Wichtig dabei ist, Probleme und Herausforderungen nicht mehr als Strafe anzusehen, denen man möglichst viel Widerstand entgegensetzen muss, sondern als Herausforderung, seine geistigen Kräfte mehr als bisher einzusetzen. So bleiben Sie offen und beweglich und tun überdies etwas, um degenerativen Altersprozessen vorzubeugen. Sie werden erfahren, dass jedes gelöste Problem Sie stärker werden lässt.

Holen Sie zunächst alle wichtigen Informationen ein, wenn Sie ein Problem lösen oder eine Entscheidung treffen möchten. Schreiben Sie das Wichtigste zu Ihrem Thema auf, formulieren Sie das Ziel, das Sie erreichen möchten. Geben Sie Ihrer inneren Weisheit, die im kollektiven Unbewussten verankert ist, ein Gesicht. Verbinden Sie sie mit einer Person oder auch mit einem Tier, das Sie als Symbol für Weisheit empfinden (zum Beispiel die Eule). Manche Menschen rufen sich das Bild eines großen Weisheitslehrers ins Gedächtnis, andere wählen jemanden aus ihrer Umgebung als inneren Berater. Wenn Sie sich für niemanden entschließen können, fragen Sie während *Yoga Nidra* nach, ob es ein Bild für ihre innere Weisheit gibt, das auftauchen möchte. *Yoga Nidra* sollte in diesem Fall mehrere »Durchgänge« umfassen. Zunächst einmal betrachten Sie das Problem aus der Sicht des Unbewussten, dann entscheiden Sie, welches *Sankalpa* Ihnen bei der Problemlösung hilft oder ihre Kreativität weckt. Beim nächsten Mal fügen Sie das *Sankalpa* wie gewohnt am Anfang und am Ende ein. Es kann notwendig werden, das *Sankalpa* nach einiger Zeit zu verändern.

Hören Sie einige Minuten lang ein beruhigendes Musikstück und lassen Sie die Musik durch den Körper fließen. Sie bereiten sich damit auf die nachfolgende Entspannung vor.

Schließen Sie *Pranayama*-Übungen an, wie Sie ab Seite 61 beschrieben sind.

Legen Sie sich bequem auf den Rücken, die Beine leicht gegrätscht, die Arme liegen neben dem Körper. Lockern Sie beengende Kleidung und legen Sie, wenn möglich, Uhr und Schmuck ab. Lassen Sie sich ausreichend Zeit, eine bequeme Position zu finden, damit Sie sich während der Übung nicht bewegen müssen. Eine leichte Decke sorgt dafür, dass es Ihnen während der tiefen Entspannung nicht kalt wird.

Lassen Sie die Augen während der ganzen Übung geschlossen. Sprechen Sie nachfolgende Sätze im Inneren:

- Ich bin mir bewusst, dass ich *Yoga Nidra* übe.
- Während der Übung werde ich nicht einschlafen. Ich bin ganz entspannt und dabei wach und klar.
- Ich bin mir meines Körpers und meines Geistes bewusst. Ich bin mir meines Körpers und meines Geistes bewusst.

Nehmen Sie Ihren Atem wahr, ohne ihn zu beeinflussen. Ihr Atem wird Sie tiefer und tiefer führen. Bewusstes Ausatmen hilft Ihnen, sich von den Gedanken des Alltags zu lösen. Jedes Ausatmen führt Sie tiefer und tiefer in die Entspannung.

Beobachten Sie die Gedanken und Gefühle wie von außen. Lassen Sie nach und nach ein Gefühl der Ruhe entstehen.

Stellen Sie sich eine Treppe vor, die Sie langsam Stufe für Stufe nach unten gehen, während Sie von 10 bis 1 zählen. Bei 1 angekommen stellen Sie sich einen inneren Entspannungsplatz vor. An diesem Platz fühlen Sie sich sicher und geborgen, ruhig und entspannt. Wenn Sie bereits ein *Sankalpa* gewählt haben, sprechen Sie es jetzt und wiederholen Sie es insgesamt dreimal.

Sprechen Sie in Ihrem Geist die einzelnen Körperteile an. Durch die verstärkte Aufmerksamkeit wird in diesem Teil Ihres Körpers der Energiefluss intensiviert und die Bewusstheit erhöht. Beginnen Sie mit dem rechten Daumen und sprechen Sie im Inneren:

- rechter Daumen, Zeigefinger, Mittelfinger, Ringfinger, kleiner Finger, Handfläche, Handrücken, Handgelenk – die ganze rechte Hand
- rechter Unterarm, Ellbogen, Oberarm, Schultergelenk, Schulter, Achselhöhle – der ganze rechte Arm, die rechte Schulter
- rechte Seite des Brustkorbs, Rippen, Taille, Hüfte, Hüftgelenk, Becken
- rechter Oberschenkel, Knie, Unterschenkel – das ganze rechte Bein
- rechtes Fußgelenk, Fußrücken, großer Zeh, zweiter Zeh, dritter Zeh, vierter Zeh, kleiner Zeh, Fußsohle – der ganze rechte Fuß
- die ganze rechte Seite – die ganze rechte Seite.

Lenken Sie die Aufmerksamkeit zum linken Daumen und sprechen Sie im Inneren:

- linker Daumen, Zeigefinger, Mittelfinger, Ringfinger, kleiner Finger, Handfläche, Handrücken, Handgelenk – die ganze linke Hand
- linker Unterarm, Ellbogen, Oberarm, Schultergelenk, Schulter, Achselhöhle – der ganze linke Arm, die linke Schulter
- linke Seite des Brustkorbs, Rippen, Taille, Hüfte, Hüftgelenk, Becken
- linker Oberschenkel, Knie, Unterschenkel – das ganze linke Bein
- linkes Fußgelenk, Fußrücken, großer Zeh, zweiter Zeh, dritter Zeh, vierter Zeh, kleiner Zeh, Fußsohle – der ganze linke Fuß
- die ganze linke Seite – die ganze linke Seite.

Richten Sie Ihre Aufmerksamkeit auf die Körperrückseite:

- Fersen, Rückseite der Unterschenkel, Kniekehlen, Oberschenkel, Gesäß
- unterer Rücken, oberer Rücken, Schulterblätter
- Rückseite der Oberarme, Ellbogen, Unterarme, Hände
- Nacken, Hinterkopf, Scheitel
- die ganze Körperrückseite – die ganze Körperrückseite

- Stirne, Augenbrauen, Augen, Augenlider, Oberkiefer, Nase, Oberlippe, Unterlippe, Kinn – der ganze Kopf, das ganze Gesicht
- Hals, Schulterbereich, Vorderseite der Oberarme, Ellbogen, Unterarme, Hände
- Vorderseite des Brustkorbs, Oberbauch, Nabel, Unterbauch
- Vorderseite der Oberschenkel, Knie, Unterschenkel, Füße
- die ganze Körpervorderseite – die ganze Körpervorderseite
- der ganze Körper – der ganze Körper

Lassen Sie jetzt vor Ihrem inneren Auge Ihre Berater oder Ihr Symbol der Weisheit auftauchen. Stellen Sie die Frage, die Ihnen wichtig ist, und warten Sie auf Antwort. Sie kann in Form von Wörtern oder Sätzen oder auch in Form von Bildern gegeben werden. Nehmen Sie alles an, was auftaucht, ohne jetzt darüber nachzudenken.

Wenn Sie bereits ein *Sankalpa* zu diesem Thema haben, wiederholen Sie es jetzt dreimal.

Werden Sie sich wieder Ihres eigenen Atems bewusst. Nehmen Sie wahr, wie der Atem ein- und ausströmt. Sie sind Beobachter Ihres Atems und lenken Ihre Aufmerksamkeit zum Bauchnabel. Beobachten Sie das Heben und Senken des Bauchnabels.
Vertiefen Sie die Atmung und richten Sie Ihre Aufmerksamkeit auf die Nasenlöcher. Nehmen Sie wahr, wie der Atem ein- und ausströmt. Kommen Sie langsam wieder zurück, nehmen Sie Ihren Körper auf der Unterlage wahr. Zählen Sie langsam von 1 bis 10 und steigen Sie die imaginäre Treppe wieder nach oben. Strecken und dehnen Sie sich ausgiebig und setzen Sie sich auf.
Hellwach und klar, ganz im Hier und Jetzt.

Schreiben Sie alles auf, was Sie auf dieser tiefen und entspannten Bewusstseinsebene wahrgenommen haben. Lassen Sie die Informationen eine Zeitlang auf sich wirken, bevor Sie darüber nachdenken und sie bewerten. Je öfter Sie auf diese Weise mit Ihrem

Unbewussten in Kontakt treten, umso leichter wird es Ihnen fallen, Antworten auf Ihre Fragen zu bekommen und sie richtig zu interpretieren.

Was Sie außerdem noch tun können

- Nehmen Sie sich öfter kreative Auszeiten, Sie werden Ihre Aufgaben dadurch schneller und effektiver lösen.
- Entspannen Sie sich mehrmals täglich ganz bewusst zum Beispiel mit Hilfe entsprechender Atemübungen.
- Entwickeln Sie innere Bilder, sogenannte »Ankerbilder«, mit deren Hilfe Sie sich überall in einen entspannten Bewusstseinszustand versetzen können.

Das Wichtigste in Kürze

- Zur Lösung von Problemen brauchen wir Intellekt und Intuition.
- Kreative Ideen und intuitive Eingebungen brauchen einen entspannten Bewusstseinszustand (die Alpha-Ebene).
- *Yoga Nidra* eignet sich in besonderer Weise dafür, es bringt:
  – Entspannung auf körperlicher und seelischer Ebene
  – Verbindung rechter Gehirnhälfte (dominant kreativ/ bildhaft) und linker Gehirnhälfte (dominant analytisch/logisch).
- Das *Sankalpa* hilft Ihnen, Ihre Entscheidung oder Ihre kreative Idee in die Wirklichkeit umzusetzen.
- Vertrauen Sie Ihrer inneren Weisheit.

MIT YOGA NIDRA ZUM TIEFEREN SINN DER ASANAS

Was man unter Asana versteht

Das Sanskritwort *Asana* bedeutet »Hinsetzung« oder »Stabiler Sitz«. Heute bezeichnen wir mit diesem Begriff alle Körperübungen des *Yoga*. Im Laufe der Jahrhunderte entstand eine Vielzahl von sehr differenzierten Übungen, aus denen sich zusammen mit Atem- und Meditationsübungen ein sehr körperbezogener Yogaweg entwickelte, der als *Hatha Yoga* bezeichnet wurde. Am häufigsten wird *Hatha* übersetzt mit Ha-Sonne und tha-Mond. Sonne und Mond stehen für männliche und weibliche Energie, für Himmel und Erde, für Aktivität und Passivität. Im Bereich des Gehirns und des Nervensystems bedeutet diese Polarität die Harmonie zwischen rechter und linker Gehirnhälfte, zwischen Sympathikus und Parasympathikus. Die Übungen wurden im 15. Jahrhundert in der *Hatha Yoga Pradipika* (Licht oder Flamme des Yoga) zusammengefasst. Diese umfangreiche Yoga-Schrift beschreibt darüber hinaus unter anderem die Beziehung zwischen Atem, Bewusstsein und Leben, die Beschaffenheit der universellen Lebensenergie (*Prana*) und die Energiekanäle (*Nadis*). In seiner reinen Form wird der *Hatha Yoga* kaum mehr praktiziert. Die überaus strenge Übungspraxis, bei der das Ziel des Yoga – die Einheit mit dem Ursprung – ausschließlich durch eine strenge Disziplinierung und Vergeistigung des Körpers erreicht wird, ist für den westlichen Menschen kaum mehr geeignet.

Im Achtstufigen Yoga-Pfad des *Patanjali* stehen die Körperübungen an dritter Stelle. Dieser *Raja* Yoga-Weg, der auch als Königlicher *Yoga* bezeichnet wird, umfasst alle Stufen der Entwicklung: ein verantwortliches Leben in der Gemeinschaft, den guten Umgang mit sich selbst, Körper-, Atem-, Konzentrations- und Meditationsübungen. Die präzise beschriebenen Körperhaltungen dienen der Dehnung der Muskeln, der Kräftigung des ganzen Körpers, der Beruhigung oder Anregung der inneren Organe und der Drüsen. Wesentlich ist dabei, dass die Körperübungen mit größter Achtsamkeit und mit Bewusstheit durchgeführt werden. So soll erreicht werden, dass alle Organe und Teile unseres Körpers unter bewusster geistiger Kontrolle optimal funktionieren. Durch die bis ins kleinste Detail ausgearbeiteten Körperübungen kann das Fließen der Lebensenergie in besonderer Weise erfahren werden.

»Yoga ist die Methode, durch die der unruhige Geist beruhigt und die Energie in schöpferische Bahnen gelenkt wird.«

B. K. S. Iyengar

Sind wir gesund und fühlen uns wohl in unserem Körper, können wir dem Leben entspannter begegnen. Die dadurch freiwerdenden Kräfte kommen der seelisch-geistigen Entwicklung entgegen, wir werden klarer, zentrierter und offener für transpersonale Erfahrungen. Gelingt es uns nicht, im Laufe des Lebens ein stabiles Körpergefühl zu entwickeln und den Körper und seine Signale zu verstehen, so empfinden wir vor allem im Alter nicht selten den Körper als Tyrannen, der unsere Aufmerksamkeit auf Schmerz und Unwohlsein lenkt. Meist haben wir dann vergessen, dass eine lebenslange Vernachlässigung zu Ungelenkigkeit und Übergewicht geführt haben.

Der Yoga-Weg bietet auf vielfältige Weise Hilfen und Anregungen, wie man in Harmonie mit seinem Körper leben kann und dabei – trotz Alter und auch trotz Krankheit – die Freude an seinem »Gefährt(en)« nicht verliert. Das setzt aber in der Regel Disziplin und einen wachen Geist voraus, der fähig ist, den ständigen Bedürfnissen nach Süßem, nach Saurem, nach Suchtmitteln, nach übermäßigem Schlaf und Faulenzen usw. etwas entgegenzusetzen. Disziplin wird oft missverstanden als ein seelenloses »Sich-zu-etwas-Zwingen«, als eine Unterdrückung der Lebensfreude und vor allem der Lust. In Wirklichkeit kann sich wahre Freude nur durch Grenzen entwickeln. Ein hemmungsloses Ausleben aller Bedürfnisse hat noch niemanden wirklich froh und glücklich gemacht. Denn wer kennt nicht das sofortige Nachwachsen von Wünschen, wenn einer erfüllt ist.

Viele *Asanas* sind zur Basis krankengymnastischer oder Rückenschul-Übungen geworden. Eine Vielzahl von Körpertherapien basieren ebenfalls auf den Erkenntnissen des *Yoga*.

Was Asanas von gymnastischen Übungen unterscheidet

Yoga-Asanas werden unter bewusster geistiger Kontrolle mit höchster Achtsamkeit geübt. Die Bewegungen sind langsam, harmonisch und koordiniert. Sie laufen fließend zu rhythmischer Atmung ab. Wenn wir die Muskeln langsam zu ihrer vollen Länge dehnen, bedeutet das eine gleichmäßige Durchblutung. Das Bewegungsspektrum aller Muskeln, Sehnen und Bänder wird durch die vielfältigen *Asanas* und ihre vorbereitenden Übungen erweitert. Die Wirbelsäule bleibt – bzw. wird – wieder elastisch. Das bedeutet eine verbesserte Durchblutung der Wirbelsäule. Da über die Wirbelsäule die gesamte nervliche Versorgung des Körpers erfolgt, kommt es auch hier zu einer Verbesserung des Energieflusses im Nervensystem. Durch die Übungen lernen wir »wie von selbst« eine tiefere und damit verbesserte Atmung. Der Körper und damit alle Zellen werden vermehrt mit Sauerstoff versorgt, die Verbrennungsprozesse verbessert und damit das Entstehen von übermäßigen Schlacken verhindert (Beispiel: Ein Holz im Kamin kohlt vor sich hin und hinterlässt große Brocken von halb verbranntem Material; im Gegensatz dazu verbrennt ein lichterlohes Feuer nahezu das gesamte Material, ein kleines Häufchen Asche bleibt zurück). Langsames tiefes Atmen vermindert außerdem die Belastung des Herzens und der Blutgefäße. Darüber hinaus wird die Widerstandskraft des Körpers verbessert. Auch durch sportliche Übungen wird die Atmung vertieft, allerdings verbraucht der Körper für die Aufrechterhaltung der durch sportliche Übungen stärker belasteten Organe wieder einen Großteil dieses Sauerstoffs (trotzdem bringen auch sportliche Übungen noch einen Sauerstoffüberschuss).

Besonders wichtig ist die Achtsamkeit während der Übung. Je intensiver Sie Ihre Aufmerksamkeit auf die jeweils eingenommene

Haltung lenken können, umso wirkungsvoller wird die Übung. Sie werden dadurch Momente der Zeitlosigkeit in einer Körperhaltung erleben, die sich beruhigend und ordnend auf Ihr ganzes Befinden auswirken.

Wie die Form oder Haltung auf die Seele wirken

Jede Körperhaltung wirkt auf unsere psychische Befindlichkeit. Ausdrücke wie – sich hängen lassen, niedergedrückt sein, selbstständig sein oder den Kopf hoch tragen – zeigen die enge Verbindung zwischen Körper und Seele. Andere Beispiele für die enge Verbindung von Form und Inhalt. Ich verneige mich vor jemandem – eine Form – ich will damit ausdrücken, dass ich den anderen achte oder gar verehre.

Viele *Asanas* tragen Bezeichnungen von Tieren oder Pflanzen.

Mit Hilfe dieser Übungen stärken wir unsere Verbindung zur Natur und festigen gleichzeitig die kreatürliche Basis unseres Lebens. Die einzelnen Tiere symbolisieren Qualitäten, die wir durch die Übungen erreichen oder verstärken (zum Beispiel, indem wir die Energie eines Baumes oder die Wachsamkeit und den Instinkt einer Kobra in uns aufnehmen). Andere Übungen beschreiben bereits einen Teil der Wirkung, wie beispielsweise die Heldenstellung, durch die wir unter anderem Zielgerichtetheit und Mut entwickeln.

Auch wenn wir die Übungen nicht unter diesen Gesichtspunkten ausführen, sind sie dennoch wirksam. Sie sind damit vergleichbar mit den Ritualen religiöser Gemeinschaften oder des Schamanimus, die auch dann noch wirksam sind, wenn nur noch wenige Menschen ihren Sinn kennen. Aus meiner jahrelangen Erfahrung kann ich sagen, dass Yoga-Übungen in jedem Fall das Leben positiv beeinflussen, auch wenn man sich sehr wenig mit Hintergrund und Philosophie beschäftigt. Das volle Maß dessen, was *Asanas* bewirken, können wir ohnehin nur erahnen. Wir können uns dem Inhalt nähern und versuchen, den Wirkungen der einzelnen Übungen nachzuspüren.

Asanas und Yoga Nidra

Ein Ziel des Yoga ist Selbstbewusstsein im wahrsten Sinne des Wortes. Mit dem Begriff Selbst hat C.G. Jung die Ganzheit unseres Seins beschrieben. Das Selbst umfasst unser Ich genauso wie die Inhalte des Unbewussten mit Licht und Schatten. Über das Selbst sind wir mit Gott oder – wenn Sie es anders bezeichnen wollen – mit der kosmischen Intelligenz verbunden. Jung nannte das Selbst den »anordnenden Archetyp«, aus dem heraus sich unser Leben entwickelt. Damit steht das Selbst im Gegensatz zum Ego, das sich aus äußeren Dingen wie Ruhm, Intelligenz, Reichtum oder Schönheit speist. Selbstbewusstsein enthält des Weiteren das Wort »bewusst«. Seines Selbst bewusst zu sein, bedeutet sich des eigenen Wesens bewusst zu sein, das mit allem verbunden ist.

Yoga Nidra ist der Weg zu immer größerer Bewusstheit. Mit fortschreitender *Nyasa*-Praxis erleben Sie sich in jedem kleinsten Teil des Körpers, bis hinein in die Zelle. Ihre Yoga-Praxis wird durch *Nyasa* intensiviert und befruchtet. Lenken Sie bewusst die Aufmerksamkeit in die einzelnen Körperteile, während Sie sich in einer Körperhaltung befinden. An dem nachfolgenden Beispiel möchte ich Ihnen dieses Vorgehen aufzeigen:

Das Krokodil / Nakrasana

- Legen Sie sich auf den Rücken und stellen Sie beide Beine auf, die Füße und Knie sind nebeneinander.
- Breiten Sie die Arme aus, die Handflächen zeigen nach oben.
- Drehen Sie mit dem Ausatmen den Kopf nach rechts und lassen Sie gleichzeitig beide Knie nach links fallen (Füße und Knie bleiben dabei zusammen), die Schultern bleiben am Boden.
- Lenken Sie Ihre Aufmerksamkeit in den rechten Daumen, Zeigefinger, Mittelfinger, Ringfinger und in den rechten kleinen Finger.
- Gehen Sie weiter in den ausgestreckten rechten Arm, Unterarm, Ellbogen, Oberarm, rechte Achselhöhle, rechte Seite des Brustkorbs, rechte Taille

- in die rechte Hüfte, rechter Oberschenkel, Knie, Unterschenkel, Fußknöchel, rechter Fuß, großer Zeh, zweiter, dritter, vierter, kleiner Zeh.
- Lenken Sie jetzt Ihre Aufmerksamkeit, während Sie ruhig und tief weiteratmen, auf die linke Seite:
- linker Daumen, Zeigefinger, Mittelfinger, Ringfinger, kleiner Finger
- in den ausgestreckten linken Arm, Unterarm, Ellbogen, Oberarm, linke Achselhöhle, linke Seite des Brustkorbs, linke Taille
- in die linke Hüfte, linker Oberschenkel, Knie, Unterschenkel, Fußknöchel, linker Fuß, großer Zeh, zweiter, dritter, vierter, kleiner Zeh.
- Lenken Sie Ihre Aufmerksamkeit in den Hals und Nackenbereich und in den Kopf, die Stirne, Augen, Kiefergelenke, Mund und Nase.
- Nehmen Sie die ganze Körperrückseite und die ganze Körpervorderseite wahr. Sprechen Sie dabei, wie in der *Nyasa-Praxis* die einzelnen Körperteile an.
- Kommen Sie einatmend zur Mitte zurück, spüren Sie einen Moment nach, bevor Sie sich zur anderen Seite drehen.

Sollten Sie nicht so lange in einer Übung verharren können, teilen Sie die Körperpartien in kleinere Bereiche. Beginnen Sie bei den Händen, Armen und Schultern und gehen Sie am anderen Tag mit Ihrer Aufmerksamkeit ins Becken und in Beine und Füße. Jede Yoga-Haltung, die Sie sich auf diese Weise »erarbeiten«, wird eine weitaus tiefere Wirkung haben als bisher.
Eine weitere Intensivierung erfährt die *Asana*-Übungspraxis, wenn Sie die Bezeichnung der Übung intensiv auf sich wirken lassen. Das Krokodil, das ich hier als Beispiel gewählt habe, gilt als eines der gefährlichsten Tiere, das von einem starken Instinkt geprägt ist. In der Darstellung der *Chakras* herrscht es als Leviathan über das zweite Energiezentrum. Diese Krokodilübung, die im unteren Beckenbereich ihre besondere Wirkung entfaltet, steht damit für die Wahrnehmung dieser instinkthaften Natur in uns, für ihre Lenkung

und Zähmung. Darüber hinaus hat das Krokodil eine außerordentlich kräftige und gleichzeitig bewegliche Wirbelsäule. Lenken Sie Ihre Aufmerksamkeit auf den einen oder anderen Aspekt, formulieren Sie zum Beispiel selbst eine Affirmation wie »Ich integriere die naturhafte Seite in mein Leben«.

In dieser Form können Sie sich mit allen *Asanas* beschäftigen und sie intensivieren durch eine regelmäßige *Yoga Nidra*-Praxis.

Eine weitere Möglichkeit, Ihre eigene Yoga-Praxis zu vertiefen, ist die Arbeit mit den Tier-Symbolen, die den ersten fünf Chakras zugeordnet werden:

- Muladhara-Chakra – Elefant
- Svadhistana-Chakra – Leviathan oder Krokodil
- Manipura-Chakra – Widder
- Anahata-Chakra – Gazelle
- Vishudda-Chakra – weißer Elefant

Muladhara-Chakra heißt übersetzt »Wurzelstütze«. Den Elefanten, der in Indien als starkes und verlässliches Lasttier gilt, kann man sich in diesem Bereich, der dem Erdelement zuordnet ist, sehr gut vorstellen.

Machen Sie sich mit dem Elefanten vertraut, in dem Sie die Augen schließen und sich dieses mächtige Tier vorstellen. Betrachten Sie es von allen Seiten: seine Haut, seine klugen Augen, seine langen Wimpern. Stellen Sie sich vor, wie es wäre, auf einem Elefanten zu sitzen und sich mit ihm langsam und gemächlich fortzubewegen. Vielleicht können Sie sich sogar in das Gefühl hineinversetzen, selbst ein Elefant zu sein.

Informieren Sie sich über den Elefanten und finden Sie Näheres über seine Lebensgewohnheiten heraus. So verstehen Sie immer mehr, warum dieses Tier als Symbol für unser Wurzelchakra und das mit ihm verbundene Erdelement gewählt wurde.

Widmen Sie sich dann dem Leviathan, dem mythologischen Seeungeheuer, das in den Tiefen des Meeres lebt und mit dem zweiten

Chakra, *Svadisthana,* dem Platz des Selbst, verbunden ist. Häufig wird anstatt des Leviathans das Krokodil als Bild gewählt, das ebenfalls hauptsächlich im Wasser lebt, und von vielen ebenfalls als eine Art Ungeheuer empfunden wird. Reglos liegt es im Wasser, nur die großen Nasenlöcher sind zu sehen und die Augen.

In Träumen und Mythen verkörpert es meist das Schattenreich, das Dunkle und Verborgene. Das Wasserelement, mit dem dieses Chakra verbunden ist, und das ihm zugeordnete Gestirn, der Mond, symbolisieren das Unbewusste. Intuitiv wussten die Menschen offensichtlich immer, dass die Sphäre des Unbewussten Angst auslöst und gleichzeitig anziehend und faszinierend ist. Versuchen Sie, diesem Tier näher zu kommen, das in Wirklichkeit für den Menschen deutlich weniger gefährlich ist, als im Allgemeinen angenommen wird. Verbinden Sie sich mit dem Wasserelement, lassen Sie Bilder und Gefühle auftauchen und lernen Sie damit die Angst zu verlieren, vor dem Unkontrollierbaren und Tiefen.

Der Widder oder Schafbock, dem die Chakra-Lehre den Platz in unserem *Manipura-Chakra,* der Stadt der Juwelen, zuordnet, ist uns als heimisches Tier vertrauter. In der Astrologie symbolisiert der Widder die Kräfte des Frühlings, des Aufbruchs.

Mit seiner ungebremsten Energie stürmt er vorwärts, bringt Bewegung ins Leben, und entspricht somit dem Feuer-Element. Das Energie-Zentrum in der Mitte unseres Körpers steht für die Kraft, sich durchzusetzen, sich zu behaupten im Leben und die damit verbundenen Emotionen. Stellen Sie sich einen jungen Widder vor, der etwas erreichen möchte. Er handelt weniger überlegt, taktiert nicht und beschäftigt sich zunächst nicht mit den Folgen.

Erleben Sie die Widder-Aggression im besten Sinne des Wortes, als ein »Sich-vorwärts-Bewegen«, das oft auch wirklich etwas bewegt. Lassen Sie sich ein auf die Feuer-Energie. Vielleicht tauchen Erinnerungen auf an »feurige« Erlebnisse oder Sie erinnern sich an Projekte, die Sie mit Feuereifer geplant und verwirklicht haben.

Eine ganz andere Energie ist mit dem vierten Chakra, *Anahata* (der nicht angeschlagene Ton) verbunden. Das Luftelement, symbolisiert von der leichtfüßigen Gazelle, ist flüchtig, empfindsam und braucht Bewegungsspielraum. Dieses Tier, das man mit unserem heimischen Reh vergleichen könnte, ist scheu, verletzlich und sehr vorsichtig. Da es im Tierreich zum Beuteschema vieler gehört, muss es sich schützen. Seine ausgeprägten Sinnesorgane sind ihm dabei eine große Hilfe. Spüren Sie in sich die Qualität dieses Tieres, seine Empfindsamkeit, Verletzbarkeit und vielleicht Ihr Bedürfnis, es zu beschützen.

Im Hals-Chakra finden wir wieder den Elefanten; diesmal ist es ein weißer, ein besonderer Elefant. Vielleicht ist es ein Symbol für Ganesha, den indischen Elefantengott. In jedem Fall symbolisiert es den Elefanten als heiliges Tier, das die Reinheit und Wahrheit verkörpert und das in diesem Energiezentrum seinen Platz hat. Stellen Sie sich vor, Sie nähern sich einem besonderen, einem heiligen Ort und begegnen dort dem weißen Elefanten.

Verbinden Sie diese Visualisierungen mit Yoga Nidra III und erleben Sie die Chakras in einer neuen Tiefe.

Nachwort

Yoga Nidra – der Weg zur Freiheit

»Freiheit bedeutet, seine eigene geistige Kapazität und die eigenen Möglichkeiten so weit wie möglich auszuschöpfen.« Mit diesem Satz von José Silva, den ich bereits im Vorwort erwähnt habe, möchte ich meine abschließende Betrachtung einleiten.

»Steh auf und sei frei« war auch der Anspruch, den der große indische Lehrer Swami Vivekananda an seine Schüler stellte. Eine schwere Kindheit oder Widerstände auf dem Lebensweg sind aus dieser Sicht dazu da, Selbstvertrauen und Willenskraft zu stärken und das eigene kreative Potenzial zu nutzen. Bleiben wir in der Opferrolle und in der Unfreiheit, werden wir ein Leben lang leiden. Leiden, so sagt das Sanskrit-Wort *Dukha,* macht den »inneren Raum eng«.

Wenn der innere Raum durch Angst, Sorgen und kreisende Gedanken eng wird, wird auch unser Blick eng und auf die Probleme fokussiert. Der weite Raum, von dem im Alten Testament gesprochen wird und auf den Gott demnach unsere Füße gestellt hat, geht verloren. Mit ihm wird das Selbstwertgefühl schmäler, kleiner und enger. Wir ziehen uns zurück auf einen winzig kleinen Raum, auf unseren Kopf und unsere kreisenden Gedanken, die wiederum leidvolle Gedanken hervorrufen. Wenn Sie in so einem Moment *Yoga Nidra* üben, werden Sie sehr schnell spüren, wie sehr es Ihnen hilft, wenn Sie

✺ geistige Energie in den ganzen Körper lenken.

Schon nach kurzer Zeit erleben Sie, wie das Vertrauen in Ihren Körper und Ihre Lebenskraft wächst.

Jetzt ist es Ihnen möglich, mit Hilfe von *Yoga Nidra* in tiefere Bewusstseinsebenen vorzudringen, wo das Alte und Verstaubte liegt. Hier haben sich die bequemen, uralten Denkmuster eingenistet, die negativen Gedanken und Selbstzweifel. Sie werden erleben, dass es Spaß machen kann, wenn Sie

✺ alte Programme löschen und geistig entrümpeln.

Unbewusstes und Bewusstsein arbeiten zusammen, um das Neue zu verwirklichen, die Wiederholung Ihres *Sankalpa* hilft Ihnen dabei, neue Vernetzungen im Gehirn zu bilden, neue Einsichten zu gewinnen, und jetzt können Sie

⚙ entsprechend konkrete Schritte gehen.

Was Sie brauchen, ist eine Portion Geduld, denn nicht immer gelingt *Yoga Nidra* sofort. Oft zweifeln wir an der Eindeutigkeit der Erfahrungen und sind geneigt, schnell wieder alles hinzuwerfen. Konzentrieren Sie sich dann vor allem auf die positiven Auswirkungen der Tiefenentspannung, die Ihnen in jedem Fall schon als Anfänger sicher sind: Abbau von Stresshormonen, Harmonisierung der körpereigenen Regulationen wie Blutdruck, Herzschlag, Puls etc. Harmonisierung der rhythmischen Abläufe wie Schlaf-Wach-rhythmus, weiblicher Zyklus etc., Stärkung des Immunsystems und Aktivierung der Selbstheilungskräfte. Die anderen Praktiken wie *Nyasa* oder die Anwendung des *Sankalpa* brauchen manchmal etwas mehr Zeit, aber denken Sie daran, dass es ja auch eine Zeitlang dauert, bis Sie eine andere Sprache erlernt haben. Die Sprache des Unbewussten ist eben nicht immer sofort zu verstehen.

Mit diesem Buch, in dem ich meine Erfahrungen und Erkenntnisse, die ich durch die Praxis von *Yoga Nidra* gewonnen habe, weitergebe, möchte ich Sie vor allem von der Notwendigkeit überzeugen, sich regelmäßig Zeit für sich selbst zu nehmen, um auf einer tieferen und entspannteren Bewusstseinsebene Ihre innere Stimme zu hören und ihr vertrauen zu lernen. So werden Sie Ihre wirklichen Herzenswünsche in die Realität umsetzen können und aus der eigenen glückhaften Erfahrung Hilfe für andere sein auf deren Weg ins eigene selbstbestimmte Leben.

Literaturangaben

Assagioli, Roberto: *Schulung des Willens. Methoden der Psychotherapie und der Selbsttherapie.* Junfermannsche Verlagsanstalt, TB 2003.

Mumford, Jonn: *Psychosomatischer Yoga.* Sphinx Verlag, Basel, 1984, 2. Auflage.

Begley, Sharon: *Neue Gedanken – Neues Gehirn.* Goldmann Arkana, München, 2007.

Campbell, Don: *Die Heilkraft der Musik,* Droemer Knaur, München, TB 2000.

Das kleine Buch der »Bleeps«. J.Kamphausen Verlag, Bielefeld, 2006, 2. Auflage.

Grotelüschen, Frank: *Der Klang der Superstrings. Einführung in die Natur der Elementarteilchen,* DTV, München, 1999.

Jung, Carl Gustav, J.J. Clarke: *Jung und der östliche Weg.* Patmos, Düsseldorf, TB 2005.

Jung, Carl Gustav: *Gesammelte Werke, 20 Bde. in 24 Tl.-Bdn., Bd.9/1, Die Archetypen und das kollektive Unbewusste.* Walter-Verlag, Düsseldorf-Zürich, TB 2006.

Jung, Carl Gustav: *Erinnerungen, Träume, Gedanken.* Walter Verlag, Düsseldorf-Zürich, 2003.

Kast, Verena: *Die Dynamik der Symbole. Grundlagen der Jungschen Psychotherapie.* Walter-Verlag Düsseldorf-Zürich, TB 1999.

Ramm-Bonwitt, Ingrid: *Yoga Nidra. Der Schlaf der Yogis.*
Hermann Bauer Verlag, Freiburg, 1987.

Röcker, Anna: *Musikreisen als Heilungsweg.* Goldmann Arkana,
München, 2005, 2. Auflage.

Röcker, Anna: *Das Geheimnis der Selbstheilungskräfte.*
Goldmann Arkana, München, 1. Auflage 2004, TB 2006.

Röcker, Anna: *Yoga-Übungseinheiten.* Südwest, München, 2000.

Saraswati, Swami Satyananda, *Yoga Nidra,* Yoga Publications
Trust, Munger, Bihar, India, 1998, 6. Auflage.

Silva, José: *Der Silva Mind Schlüssel zum Inneren Helfer.*
Heyne Verlag, München, 1998, 7. Auflage.

Yesudian, Selvarjan: *Steh auf und sei frei.* Drei Eichen Verlag,
Hammelburg, 1989.

Eliade, Mircea: *Der Yoga des Patanjali. Der Ursprung östlicher
Weisheitspraxis.* Herder, Freiburg, 1999.

Fotonachweis: privat, pixelio.de, Catherina Hess, Studio
www.Yoveda.de

Informationen über Seminare: www.annaroecker.de

Personen- und Sachregister

Mit Yoga Nidra das Leben meistern, CD

Das Energiepotenzial des Unbewussten erkennen und
die Kreativität der Alpha-Ebene nutzen

Anna Röcker

Übungs-CD, Laufzeit 76 Minuten
ISBN 978-3-86616-070-5

Das 7-Schritte-Programm auf CD, um in den Alpha-Zustand zu kommen
1. Das 7-Schritte-Programm
   Einstieg – Mentale Klärung – Tiefenentspannung – Energielenkung
   in den Körper – Sankalpa, das „Zauberwort" –
   Vertiefung mit Symbolen – Abschlussformel
2. Geführte Yoga-Nidra-Übungen
   Stärkung des Immunsystems – Schlafprogrammierung –
   Anleitung zur kreativen Problemlösung

Das große Yoga-Therapiebuch

Yogapraxis für die Gesundheit und einen klaren Geist
Vorwort von Rüdiger Dahlke

Remo Rittiner

Paperback, 200 Seiten, 400 Fotos
ISBN 978-3-86616-149-8

Das Buch basiert auf den Grundprinzipien der Yogatradition des Yogameis-
ters T. Krishnamacharya und seines Schülers A.G. Mohan sowie auf den
neuesten Erkenntnissen der westlichen Anatomielehre. Es ist klar und verständlich geschrieben und eignet sich sowohl für AnfängerInnen als auch für
fortgeschrittene Yogaübende, die sich für das große Heilungspotential der
Yogatherapie interessieren. Remo Rittiner hat seine langjährige Erfahrung
mit zahlreichen Menschen, die regelmäßig unter seiner Anleitung Yoga praktizieren, in dieses Buch
einfließen lassen.

Heilquelle Yoga

Yogatherapie-Übungen gegen Schmerzen im unteren Rücken

Remo Rittiner

DVD, Laufzeit 52 Minuten, ISBN 978-3-86616-054-5

Die Wirbelsäule ist der Zauberstab des Lebens. Der untere Rücken gehört
zu den schmerzanfälligsten Körperzonen. Gemäß vielen publizierten Statis-
tiken leidet in Europa jede dritte Person an Schmerzen im unteren Rücken.
Viele Menschen sind täglich von chronischen Rückenschmerzen betroffen.
Der therapeutische Yoga besitzt seit Jahrhunderten eine erprobte Heilkraft auch bei der Lösung von
Rückenbeschwerden.
Auf dieser DVD stellt Ihnen der bekannte Yogatherapeut Remo Rittiner einfache und wirksame
Yogaübungen zur Lösung von Rückenschmerzen vor. Die zwei Yogaprogramme basieren auf seiner
langjährigen Erfahrung als Yogatherapeut mit zahlreichen Menschen mit Rückenschmerzen. Ayur
Yogatherapie basiert auf den Grundprinzipien der Yogatradition von T. Krishnamacharya aus Indien
und integriert dabei Übungen aus der Muskelfunktionstherapie. Diese Programme sind so einfach ge-
staltet, dass auch Menschen ohne Yogaerfahrungen die Übungen gut ausführen können. Die Yogaleh-
rerin Patricia Bissegger macht die Übungen vor, während Remo Rittiner mit meditativer Stimme die
Übungen anleitet.

Das Geheimnis der ewigen Jugend der Derwische

Einführung in die 7 höheren Arkanas – Ein Praxisbuch

Idris Lahore – Ennea Tess Griffith – Emma Thyloch

Hardcover, 208 Seiten, über 250 farbige Fotos
ISBN 978-3-86616-075-0

Die Kunst, die Philosophie und die Wissenschaft der Bewegungen der sieben höheren Arkanas werden von Derwischen in ihren geheimen Bruderschaften seit undenklichen Zeiten praktiziert. Die Kunst der Bewegungen des Samadeva steht sowohl dem Yoga als auch dem Tai Chi Chuan und dem Tanz nahe. In diesem Buch werden die sieben grundlegenden Arkanas, die von den Derwischen auch „Übungen der Verjüngung" genannt werden, dargestellt. Sie sind sehr einfach und dennoch außerordentlich belebend. Sie kräftigen den Körper und schenken ihm Gesundheit, Energie, Beweglichkeit und Entspannung. Sie bringen die Psyche ins Gleichgewicht, verlangsamen den Alterungsprozess, erneuern den Geist und lassen ihn klarer und lebendiger werden. Diese wirklich bemerkenswerten Übungen harmonisieren und stimulieren unsere körperlichen, emotionalen und mentalen Kräfte, und sie helfen uns, den Situationen des Alltags gelassener, fröhlicher und kreativer zu begegnen. Anhand zahlreicher Detailphotos werden die Übungen im vorliegenden Buch sowohl einfach als auch wirkungsvoll beschrieben.

Das Geheimnis der ewigen Jugend der Derwische

Die 7 höheren Arkanas

Ennea Tess Griffith

DVD, Laufzeit 70 Minuten
ISBN 978-3-86616-122-1

Die Kunst, die Philosophie und die Wissenschaft der Bewegungen der sieben höheren Arkanas werden von Derwischen in ihren geheimen Bruderschaften seit undenklichen Zeiten praktiziert. Die Kunst der Bewegungen des Samadeva steht sowohl dem Yoga als auch dem Tai Chi Chuan und dem Tanz nahe. Auf dieser DVD werden die sieben grundlegenden Arkanas dargestellt, die von den Derwischen auch „Übungen der Verjüngung" genannt werden. Sie sind sehr einfach und dennoch außerordentlich belebend. Sie kräftigen den Körper und schenken ihm Gesundheit, Energie, Beweglichkeit und Entspannung. Sie bringen die Psyche ins Gleichgewicht, verlangsamen den Alterungsprozess, erneuern den Geist und lassen ihn klarer und lebendiger werden. Diese wirklich bemerkenswerten Übungen harmonisieren und stimulieren unsere körperlichen, emotionalen und mentalen Kräfte, und sie helfen uns, den Situationen des Alltags gelassener, fröhlicher und kreativer zu begegnen.

Yoga – Energie ein Leben lang
Übungszyklen und Meditationen des Hatha Yoga

Jutta Pinter-Neise

Hardcover, 184 Seiten, 200 farbige Fotos
ISBN 978-3-86616-098-9

In diesem Buch werden 35 Jahre Erfahrung im „Yoga der Energie" weitergegeben. Die Entwicklung der Achtsamkeit führte zu einer immer größeren Einfachheit und Genauigkeit in der Ausführung der Haltungen und Bewegungsabläufe. Die vier Übungszyklen bauen in ihrer Anforderung aufeinander auf.
Je tiefer der Übende sich einzulassen gewillt ist, desto tiefer wird er berührt werden. Die einzelnen Übungen sind so aufeinander abgestimmt, dass jede Übungssequenz eine in sich geschlossene Einheit ergibt, die jeweils mit einer Meditation abschließt. Der Autorin geht es darum, zu berühren, damit Veränderung geschehen kann. Ihre jahrelange Suche hat ihr mit aller Deutlichkeit gezeigt, dass es nur unser Denken und Fühlen ist, das alles verändert.

Yoga-Weisheit leben
Philosophische Übungen für die Praxis

Eckard Wolz-Gottwald

Taschenbuch, 168 Seiten
ISBN 978-3-86616-137-5

„Gelebte Yoga-Weisheit" ist ein Übungsbuch für Einsteiger wie Fortgeschrittene, die durch Yoga-Philosophie ihre Praxis vertiefen und weiterführen wollen. Jedes der 18 Kapitel ist verbunden mit Übungen, durch die Yoga-Philosophie nicht nur verständlich, sondern auch im Alltag anwendbar und erfahrbar wird. Das Buch zeigt, dass Yoga-Philosophie weit mehr bedeutet als Theorie. Die philosophischen Übungen helfen, sich des ursprünglichen Sinns der Yoga-Praxis bewusst zu werden. Es wird möglich, Yoga als Weg der Schulung der Bewusstheit von Körper, Geist und Seele, aber auch als Wegweisung für das Leben im Alltag zu erfahren.

Hand und Fuß –
Quellen der Heilung
Eine völlig neuartige Reflexzonen-Massage

Friedrich Butzbach

Paperback, 192 Seiten, 70 Grafiken und Zeichnungen
ISBN 978-3-86616-138-2

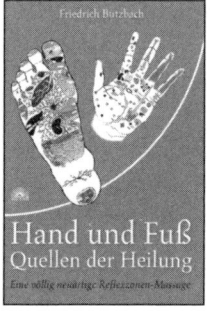

In einer über dreißigjährigen Praxis erwuchsen dem Autor neue Erkenntnisse der Fußreflexzonenmassage, besonders an den großen Zehen. Er fand hier über 40 Reflexpunkte der Hirnreflexe, über die schnellere und intensivere Reaktionen ablaufen. Dazu kommen noch rund 20 neu gefundene Reflexpunkte, die zum Beispiel den Augeninnendruck, Herpes und Gürtelrose, hohen Blutdruck, Herzbeschwerden, Asthma oder Zahnschmerzen sehr schnell und effektiv positiv beeinflussen. Die Massage eines von ihm gefundenen Reflexpunkts kann selbst sehr alte Schockerlebnisse aus dem Unterbewusstsein in das Bewusstsein bringen und die dadurch entstandenen Belastungen und Blockaden abbauen. Genaue Beschreibungen und viele Skizzen und Schaubilder machen nicht nur die Lokalisierung der Reflexpunkte und die Art der jeweils erforderlichen Massage klar, sondern sind vom Autor auch ausdrücklich als Möglichkeit zur Selbsthilfe für sich und vor allem zur Anwendung bei Kindern gedacht.

Bewusster Atem –
klangvolle Stimme – CD
Michael Meyer/Andrea Reichhart

Dauer: 75 Minuten
ISBN 978-3-86616-162-7

Elemente aus Yoga, Meditation, Atem und Stimmtraining erweitern die Ausdrucksfähigkeit der Stimme.

Die CD richtet sich an Menschen, die an ihrem Körperbewusstsein arbeiten wollen, einen entspannten Atem suchen und mehr Vertrauen in ihre Stimme entwickeln möchten. Die entspannende und tiefgehende Körperarbeit von Michael Meyer und Andrea Reichharts aktive und bewusste Arbeit mit Atem und Stimme verbinden sich zu einem harmonischen Ganzen. Körper, Atem und Stimme werden als fühlbare Einheit wahrgenommen. Elemente aus Meditation, Yoga, Atem- und Stimmtraining fördern den effektiven und kreativen Umgang mit der eigenen Stimme und erweitern die Ausdrucksfähigkeit im Berufs- und Alltagsleben. Die Übungen sind teilweise von sanfter Musik untermalt, die in ihrem akustischen Klangbild den Wechsel von Entspannung und Konzentration unterstützt und begleitet.

Jin Shin Jyutsu® –
Die Heilkraft liegt in Dir
Leben in Gesundheit, Freude und Fülle

Tina Stümpfig-Rüdisser

Paperback, 176 Seiten, 100 vierfarbige Fotos, 35 Grafiken, 18 Tabellen
ISBN 978-3-86616-151-1

Jin Shin Jyutsu (wörtlich übersetzt: die Kunst des Schöpfers durch den mitfühlenden Menschen) ist eine mehrere tausend Jahre alte Kunst zur Harmonisierung der Lebensenergie im Körper, eine Verbindung von spiritueller
Lehre und praktischer Geist-Seele-Körper-Arbeit.
In diesem Buch stellt die Autorin eine einfache, für jeden anwendbare Methode vor, mit Hilfe der eigenen Hände, des Atmens und des bewussten Denkens die Energien im
Körper in eine harmonische Strömung und Schwingung zu versetzen, die es ermöglicht, Energieblo-
ckaden im Körper und verhärtete Muster und Glaubenssätze aufzulösen. Übungen mit anregenden,
kraftvollen Affirmationen, ein 26-Wochen-Programm, viele Fotos, Abbildungen und genaue Hinweise fördern die Anwendung.

Der Quantensprung im globalen-
Gedächtnis
Wie ein neues wissenschaftliches Weltbild uns und unsere
Welt verändert

Ervin Laszlo

Hardcover, 160 Seiten
ISBN 978-3-86616-153-5

Im planetaren Wandel mithelfen, Einsichten verbreiten, menschliches Überleben, Nachhaltigkeit, Wohlsein und Frieden sichern.

Mit Blick auf die neuesten, oft revolutionären Erkenntnisse in den Bereichen
von Kosmologie, Quantenphysik und Bewusstseinsforschung zeigt Ervin Laszlo wissenschaftlich fun-
diert, aber dennoch in klarer und verständlicher Sprache, dass das alte Weltbild überholt ist und wir uns
einem ganz neuen Bild der Wirklichkeit stellen müssen. Er beschreibt den global und interkulturell sich
bereits heute vollziehenden Paradigmenwechsel auf allen Ebenen des Lebens. Er begründet mit den Erkenntnissen der modernen Wissenschaften, dass ein neues Bewusstsein in der Menschheit entsteht. Dieses Buch informiert umfassend und tiefgründig, regt an und macht Mut, mit erweitertem Bewusstsein
diese Initiativen zu unterstützen und zu einer positiven Veränderung in der Welt beizutragen.

Der verborgene Code des Bewusst-
seins
Der Quantengeist in der Naturwissenschaft und in der
Psychologie

Arnold Mindell

Paperback, 608 Seiten
ISBN 978-3-86616-159-7

Man muss das Universum verstehen, um sich selbst zu erkennen.

In diesem umfassenden Buch des amerikanischen Psychologen und Physikers
Arnold Mindell werden grundlegende moderne Erkenntnisse der Physik und
der Tiefenpsychologie auf die traditionelle Weisheit der Menschheit in unterschiedlichen Kulturen bezo-
gen und zusammenfassend erklärt. Die sog. objektive, sinnlich wahrnehmbare, mathematisch-physika-
lisch messbare Welt und entsprechendes Denken werden aufgrund der Quantenforschung ergänzt und
vertieft, indem die psychischen Befindlichkeiten der Beobachter, ihre nichtlokale, nichtzeitliche Spürer-
fahrung, Intuition und Träume einbezogen und mathematisch beschrieben werden.
Anschauliche Beispiele, experimentelle Übungen und Abbildungen sowie überschaubare Kapitel und
sprachliche Vereinfachungen machen die Darlegungen auch für Laien verständlich. Wer auf den sich gegenwärtig vollziehenden Paradigmenwechsel neugierig ist, wird dieses spannende Buch lesen wollen.

Impressum

2. Auflage 2010

Verlag Via Nova, Alte Landstraße 12, 36100 Petersberg
Telefon: (0661) 6 29 73
Fax: (0661) 96 79 56 60
E-Mail: info@verlag-vianova.de
Internet: www.verlag-vianova.de

Bildnachweis: Alle Fotos von Catherina Hess, außer: 3 B Scientific: 152;
Jung-Institut Zürich: 16; KOHA-Verlag: 33; www.pixelio.de: 73; Wikipedia:
20, 23; privat: 12, 47, 74, 79, 109, 120, 139.

Umschlaggestaltung, Typografie & Layout: Catherine Avak, München
DTP-Produktion: avak Publikationsdesign, München
Druck und Verarbeitung: Fuldaer Verlagsanstalt, 36037 Fulda

ISBN 978-3-86616-069-9